Hanspeter Lanz / Angelika Schaeuffelen

EIN KONFLIKT-RATGEBER FÜR
DEN BERUFSALLTAG

HANSPETER LANZ / ANGELIKA SCHAEUFFELEN

EIN KONFLIKT-RATGEBER FÜR DEN BERUFSALLTAG

Warum man jahrelang freiwillig auf Sex verzichtet ...
... und stattdessen Rabattmarken sammelt

Frankfurter Allgemeine Buch

Bibliografische Information der Deutschen Nationalbibliothek
Die Deutsche Nationalbibliothek verzeichnet diese Publikation
in der Deutschen Nationalbibliografie; detaillierte bibliografische
Daten sind im Internet über http://dnb.d-nb.de abrufbar.

Hanspeter Lanz / Angelika Schaeuffelen
Ein Konflikt-Ratgeber für den Berufsalltag
Warum man jahrelang freiwillig auf Sex verzichtet ...
... und stattdessen Rabattmarken sammelt

F.A.Z.-Institut für Management-,
Markt- und Medieninformationen GmbH
Mainzer Landstraße 199
60326 Frankfurt am Main
Geschäftsführung: Volker Sach und Dr. André Hülsbömer

Frankfurt am Main 2012

ISBN 978-3-89981-285-5

Frankfurter Allgemeine Buch

Copyright	F.A.Z.-Institut für Management-,
	Markt- und Medieninformationen GmbH
	60326 Frankfurt am Main
Umschlag	Anja Desch
Satz	Wolfgang Barus
Titelbild	© Peter Menne / fotolia / gettyimages / iStockphoto / corbisIMAGES
Druck	CPI Moravia Books s.r.o., Brnenská 1024, CZ-691 23 Pohorelice

Printed in EU

Inhalt

Wir Menschen haben bekanntlich schon gestritten, als uns Gott in Form von Adam und Eva sowie ihrer Nachkommen in die Welt gesetzt hat. Auch heute sind zwischenmenschliche Konflikte allgegenwärtig. Sie müssen zwar nicht zwangsläufig zerstörerisch und auch nicht per se negativ sein. Für Mensch und Gesellschaft haben sie sogar eine überlebenswichtige Funktion, weil sie – wie Schmerz in unserem Körper – auf schwierige Beziehungen, unstimmiges Verhalten oder kritische Strukturen hinweisen. Trotzdem werden Konflikte von den meisten Menschen als störend wahrgenommen. Denn zweifellos machen sie betroffen – ob unterdrückt schwelend oder offen ausgetragen. Fast immer hemmen sie, irritieren oder wühlen auf. Meistens kosten sie Zeit, Kraft, Nerven und oft sogar Geld – auch dann, wenn man nicht einmal selbst der Verursacher ist.

Unbestritten ist aber auch: Unser Leben läuft nicht ohne Konflikte ab. Dabei gibt es DEN Konflikt eigentlich gar nicht: Unterschiedliche Menschen und vielfältige Ursachen führen zu den verschiedenartigsten Verläufen. Und ein besonders beliebter Austragungsort ist der Arbeitsplatz. Eines jedoch beobachten wir als Mediatoren, Rechtsanwältin und Führungsexperten schon seit langem: Die Menschheit scheint sich mehrere typische Konfliktverhaltensweisen und -muster angewöhnt zu haben, die, mit reflektiertem Blick analysiert, sehr oft kontraproduktiv wirken und, mit humorvollem Blick betrachtet, manchmal sogar ein Schmunzeln auslösen. Dabei basieren diese Verhaltensweisen sehr oft auf der Illusion, dass unsere Sichtweise die einzig „richtige" sei, was bisweilen tragische Auswirkung auf unsere Lebensgestaltung und unser Lebensgefühl – gerade auch im Berufsalltag – haben kann.

Dieses Buch hält uns selbst und Ihnen, liebe Leser, deshalb einmal ganz beherzt den Spiegel vor. Sollten Sie sich in der einen oder anderen Szene wiedererkennen, haben Sie keine Angst – wir haben keine versteckte Kamera bei Ihnen installiert, sondern „entlarven" damit lediglich ganz „normale" Verhaltensmuster. Die einzelnen Kapitel dieses kleinen Konfliktbreviers richten den Scheinwerfer auf typische Streitsituationen und -fallen, in die wir selbst sowie viele unserer Kollegen und Zeitgenossen hauptsächlich im hektischen Berufsalltag, manchmal aber auch im Privatleben, regelmäßig hineingeraten.

Wir beabsichtigen nicht nur, zum Nachdenken über allzu gewohntes Verhalten anzuregen, sondern wollen aufzeigen, wie Sie typische Streitsituationen so erkennen und lösen können, dass Sie und alle Beteiligten gut dabei wegkommen. Es geht uns darum, neue Wege zu finden: ganz pragmatische, einfache Lösungen, wie Konflikte möglichst konstruktiv ausgetragen werden können. Dabei geben wir ganz bewusst keine fixen Rezepte vor, da es unserer Meinung nach keine „richtigen" oder „falschen", sondern allenfalls zielführende Verhaltensweisen gibt. Autoren wissen es natürlich nicht besser als die Leser selbst. Im Rahmen der Analysearbeiten bemühen wir uns lediglich bewusster, die einzelnen Themen aus einem gewissen Abstand zu betrachten und uns Gedanken darüber zu machen, was der potentielle Leser daraus lernen kann.

Der französische Schriftsteller Henri René Albert Guy de Maupassant (1850–1893) schrieb: *„Das Publikum setzt sich aus den verschiedensten Gruppen zusammen, und diese rufen uns Schriftstellern zu: ‚Tröste mich.‘ ‚Unterhalte mich.‘ ‚Erwecke meine Sympathie.‘ ‚Mach mich traurig.‘ ‚Bring mich zum Träumen.‘ ‚Bring mich zum Lachen.‘ ‚Lass mich zittern‘ ‚Bring mich zum Weinen.‘ ‚Bring mich zum Nachdenken.‘"* (The Works of Guy de Maupassant – Volume VIII. Valde Books). Genau so wollen wir Sie, liebe Leser, mit unserem kleiner Ratgeber erreichen.

Sicherlich hat dieses Buch auch mit uns, den Autoren zu tun, denn selbst hier gilt das abgewandelte Sprichwort: „Sage mir, was für ein Buch du schreibst, und ich sage dir, wer du bist." Insoweit spiegelt es unsere Suche nach der Erkenntnis von Sinn und Unsinn bestimmter Verhaltensweisen sowie nach neuen Wegen wider. Ebenso, wie es unsere Hoffnung trägt, die Welt dadurch ein kleines bisschen harmonischer zu machen.

Selbsttest

Wozu neige ich in Konfliktfällen?

Jeder Mensch reagiert bei Streit und Auseinandersetzungen anders. Ob ich mich durchsetze, nachgebe oder mich anpasse – wir alle haben unsere persönliche Art, mit Konflikten umzugehen. Deshalb möchten wir Sie zur Einstimmung – bevor wir die Scheinwerfer direkt auf typische Streitsituationen richten und mögliche Lösungen aufzeigen – zuerst einmal dazu einladen, sich selbst einige Augenblicke zu schenken, um über Ihre eigene persönliche Art, mit Konflikten umzugehen, zu reflektieren. In unserem kleinen Fragenkatalog, den wir dazu entwickelt haben, werden Sie sicherlich rasch Parallelen zu Ihren eigenen Erlebnissen ziehen können.

Stellen Sie sich die Frage: Zu welcher Verhaltensweise tendiere ich in Konfliktfällen? Bitte beantworten Sie dazu unsere folgenden neun Fragen spontan und kreuzen Sie die Lösung an, die Ihrer Reaktion in den jeweiligen Situationen am ehesten entspricht:

1. Ein neuer Arbeitskollege stellt am Abend einfach seine benutzte Tasse und sonstiges Geschirr in die Spüle und räumt sie nicht – wie die anderen – direkt in die Spülmaschine.

   a) Ich raste aus und mache ihm unmissverständlich klar, dass wir hier nicht sein Bedienungspersonal sind, sondern dass er sein Geschirr gefälligst selbst in die Spülmaschine zu stellen hat. (T)

b) Ich mache mir nichts draus, sondern räume seine Sachen zusammen mit meinen in die Spülmaschine und bitte ihn am nächsten Tag, sein Geschirr künftig direkt einzuräumen. (K)

c) Ich ärgere mich, sage aber nichts, sondern räume seine Sachen zusammen mit meinen in die Spülmaschine. Schließlich muss man ja noch zusammen arbeiten. (H)

d) Ich schalte die Spülmaschine ein, lasse jedoch sein Geschirr in der Spüle stehen, damit er es am nächsten Morgen sieht… Irgendwann wird er es dann schon von selbst merken. (R)

2. Nach meiner eigenen Einschätzung handle ich in Konfliktfällen eher
   a) konfliktscheu und nachgebend. (H)
   b) impulsiv und meistens aggressiv. (T)
   c) zurückhaltend, aber im Gegenzug mit gleicher Münze zurückzahlend. (R)
   d) diskussions- und konfliktfreudig. (K)

3. Ein Freund kommt zu Verabredungen immer deutlich zu spät, und zwar mindestens eine Stunde.
   a) Das Warten verdirbt mir jedes Mal die Stimmung, und ich steigere mich in solch eine Rage, dass ich ihn bereits nach kurzer Zeit anrufe und ins Handy brülle, dass ich die Nase voll habe und er jetzt nicht mehr kommen muss. (T)

b) Ich ärgere mich enorm über die Warterei. Wenn er dann endlich eintrifft, bringe ich es jedoch nicht übers Herz, etwas zu sagen, da sonst die schöne Stimmung hinüber wäre. (H)

c) Ich sage ihm bei seinem Eintreffen, dass ich das nicht mag, und bitte ihn, das nächste Mal pünktlich zu sein, sonst laufe er Gefahr, dass ich irgendwann keine Lust mehr habe, mich mit ihm zu treffen. (K)

d) Ich warte etwa 15 Minuten und gehe danach einfach heim. Oder ich lasse ihn beim nächsten Mal warten – dann sieht er schon, was es geschlagen hat. (R)

4. Ein Ast vom Baum meines Nachbarn hängt so tief in mein Grundstück hinein, dass ich bereits ab 17 Uhr keine Sonne mehr habe. Obwohl ich ihn vor einer Woche gebeten hatte, diesen zu entfernen, hat sich noch nichts getan. Allerdings sitzt er jetzt gemütlich mit seiner Frau auf der Terrasse und genießt den Feierabend.

a) Ich spreche ihn noch einmal an und frage ihn, bis wann er den Ast absägen kann. (K)

b) Ich schneide den Ast am Wochenende selbst ab, wenn bis dahin noch nichts passiert ist. (R)

c) So eine Unverschämtheit, dass er hier herumsitzt, obwohl er den Ast absägen müsste. Ich sage ihm mal richtig die Meinung und drohe ihm, den ganzen Baum umzulegen, wenn er nicht bis am Freitag den Ast abgesägt hat. (T)

d) Ich lasse die Kirche im Dorf und warte erst einmal ab. Irgendwann wird er den Ast sicherlich absägen. (H)

5. Mein Chef hat mich vor der versammelten Abteilung richtig abgekanzelt, weil ich das Protokoll nicht termingerecht fertiggestellt habe.

a) Das zahle ich ihm zurück! Wenn wir das nächste Abteilungsmeeting haben, bei dem ich Protokoll führen soll, melde ich mich einfach krank. (R)

b) Dieser gemeine Kerl! Das lasse ich mir nicht bieten und schlage zurück: „Lassen Sie endlich die mir noch fehlenden Informationen „rüberwachsen", dann kann ich auch meine Protokolle rechtzeitig fertigstellen." (T)

c) Es ist mir peinlich. Ich entschuldige mich und versichere ihm, dass ich das Protokoll sofort nach der Sitzung fertigstellen werde und dass so etwas nicht mehr vorkommen wird. (H)

d) Ich warte ab, bis die Sitzung vorbei ist. Danach spreche ich ihn unter vier Augen an und bitte ihn, mich künftig entweder nicht öffentlich zu kritisieren, oder – wenn alle dabei sind – es in einem wertschätzenden Ton zu tun. Er tut sich ja mit solchen Auftritten selbst keinen Gefallen. (K)

6. Ich muss dringend Kataloge für Kunden zusammenheften und merke plötzlich, dass mein Tacker leer und der Nachschub aus der Schublade auch aufgebraucht ist. Eigentlich könnte ich meinen Büronachbarn fragen, ob er mir mit Heftklammern aushelfen kann, aber der hat am letzten Projektmeeting so unsinnig argumentiert, dass ich ihm vehement widersprechen musste und einer

anderen Lösung zugestimmt habe, worauf er die Sitzung wutschnaubend verlassen hat.

a) Ich gehe zu ihm und frage, ob er mir wohl einige Heftklammern ausleihen könne. (K)

b) Er ist sicherlich sauer und will es mir zurückzahlen. Aber gerade deshalb gehe ich jetzt zu ihm und mache ihm unmissverständlich klar, dass ich im Recht war und dass er sich, falls er mir keine Heftklammern leihen will, diese doch selbst wohin tackern soll. (T)

c) Ich überlege mir lieber, wie ich die Kataloge anders heften kann, denn mit meinem Nachbarn ist momentan nicht gut Kirschen essen. (H)

d) Der behauptet bestimmt, dass er auch keinen Vorrat mehr habe. Falls der jemals wieder zu mir kommt, weil er etwas von mir braucht, tue ich einfach so, als könne ich leider nicht helfen. (R)

7. Einem alten Freund habe ich 1.000 Euro geliehen, die ich seit über einem Jahr noch nicht zurückbekommen habe. Trotz mehrfacher Nachfragen und sogar schriftlicher Anmahnungen meldet er sich einfach nicht oder redet sich immer wieder heraus.

a) Ich warte erst einmal ab. Schlimmstenfalls verzichte ich lieber auf das Geld, wenn dafür die Freundschaft nicht gefährdet wird. (H)

b) Ich erzähle bei allen, dass er pleite sei, und mache ihn überall schlecht – dann sieht er schon, dass man mit mir nicht so umgehen kann. (R)

c) Ich lasse mich doch nicht veräppeln. Jetzt gehe ich

vor Gericht, klage das Geld ein und erstatte Anzeige wegen vorsätzlichen Betrugs. (T)

d) Ich versuche, seine Schwester oder seine Mutter einzuschalten, um herauszufinden, was eigentlich los ist. (K)

8. Während der Mittagspause in der Kantine erklärt mein Arbeitskollege lautstark, dass der Fußballklub nicht abgestiegen wäre, wenn man den Trainer ausgetauscht hätte. Ich denke: Da liegt er völlig falsch und erzählt Unsinn – natürlich hätte ein neuer Trainer die desolate Situation auch nicht einfach mit einem Fingerschnippen geändert. Schließlich hat sich der jetzige Trainer schon über viele Jahre bewährt. In der weiteren Diskussion

a) mache ich ihm klar, dass er keine Ahnung hat und nicht so einen Unsinn erzählen soll. Und ich versuche, ihn so lange zu überzeugen, bis er selbst einsieht, dass ein Trainerwechsel auch nichts gebracht hätte. (T)

b) warte ich mal ab. Wenn ein neuer Trainer auch keinen Erfolg hat, schmiere ich ihm dies bei der nächst besten Diskussion am Mittagstisch ganz genüsslich aufs Brot. Dann sieht er schon, dass ich recht hatte. (R)

c) mache ich deutlich, dass ich es zwar anders sehe, aber auch seine Sicht der Dinge akzeptiere. (K)

d) versuche ich, die Lage nicht eskalieren zu lassen, und gebe nach. Schließlich wollen wir uns und den Kollegen ja nicht die ganze Mittagspause verderben. (H)

9. Denken Sie an einen vergangenen oder aktuellen Kon-
flikt, der Ihnen spontan einfällt. Und jetzt ganz ehrlich: Was haben Sie über den anderen gedacht?

a) Warte nur, Bursche, irgendwann läufst auch du mir mal ins Messer. (R)

b) Das lasse ich mir nicht bieten! Diesem Idioten muss man endlich das Handwerk legen. (T)

c) Der ärgert sich sicherlich, wenn ich etwas sage. Ich mache mich lieber möglichst unauffällig aus dem Staub. (H)

d) Interessant, wie der das völlig anders wahrnimmt als ich. (K)

Na? Haben Sie sich – vielleicht mit einem wissenden Schmunzeln, einem zustimmenden oder verblüfften Nicken – wiedererkannt? Zählen Sie nun die Anzahl der jeweils hinter der gewählten Antwort stehenden Buchstaben R, H, T und K.

R:___H:___

T:___K:___

Auflösung:

An der Häufigkeit der Buchstaben R, H, T und K können Sie erkennen, welche der folgenden Vorgehensweisen Sie in Ihrem beruflichen und vielleicht auch privaten Leben am ehesten bevorzugen:

R Das Rückzahlen (stilles Rächen)

Sie widersetzen sich nicht unmittelbar, sondern warten auf eine gute Gelegenheit, um die Gerechtigkeit wieder herzustellen. Ihre Intention ist es, die herrschende Harmonie nicht zu verletzen, gleichzeitig jedoch Ihr Gegenüber schon ein bisschen zu „erziehen". Dabei sind Sie fest davon überzeugt, dass er oder sie schlussendlich selbst merken wird, dass es falsch war, sich so zu verhalten, und sich dann ändern wird.

H Das harmoniebedürftige Verzeihen (nachgeben um des lieben Friedens willen)

Durch diese eher defensive Reaktion ist es Ihnen bisher immer gelungen, die Harmonie zu erhalten. Sie vertreten den Standpunkt, dass man auch mal „Fünf gerade sein lassen" und nicht immer seinen Kopf durchsetzen muss. Ganz nach der alten Schweizer Streitstrategie: *„Dr Gschieder git noh – dr Esel blibt stoh"* (Der Klügere gibt nach – der Esel bleibt stehen).

T Die Terminator-Attitüde (explodieren, sich nicht im Zaum halten können)

Mit dieser temperamentvollen Reaktion zeigen Sie, wer hier recht hat. Und durch Ihre überraschende Reaktion gelingt es Ihnen schnurstracks, Ihren Gesprächspartner aufzurütteln, denn fast immer erwischt es ihn auf dem falschen Fuß. Damit ist es Ihnen am allerbesten möglich, seine volle Aufmerksamkeit zu erreichen und die Sache ein für alle Mal zu klären.

Sie sind der Ansicht, dass zu viele Gefühle einer Lösung des Konflikts eher abträglich sind, und Sie fahren mit einer unspektakulären, kopfgesteuerten Ansprache erst einmal die Emotionen herunter. Damit schaffen Sie eine Atmosphäre, in der Sie jegliche Kontroverse ganz in Ruhe austragen können, ohne dass Ihr Gegenüber sich von Ihnen angegriffen fühlt.

Was denken Sie: Waren Ihre Reaktionen – rückwirkend betrachtet – immer zielführend? Waren Sie in der Regel zufrieden mit sich selbst, wenn sie später an den Konflikt zurückgedacht haben?

Ganz ausdrücklich halten wir hier fest, dass es selbstverständlich kein „Gut" oder „Schlecht", kein „Richtig" oder „Falsch" gibt. Vielmehr ermuntern wir Sie, zu reflektieren, ob Ihre angewandte Strategie und Reaktionsweise hilfreich oder eher blockierend war, um nachhaltig das zu erreichen, was Sie wollten.

Wir laden Sie deshalb ein, uns nun in typische Streitsituationen zu begleiten, um dabei selbst herauszufinden, welche Verhaltensweisen in Ihrem Berufs- oder Privatleben künftig vielleicht noch zielführender sein können. Viel Spaß dabei!

Rabattmarken sammeln
Gute Miene zum bösen Spiel

Konflikte scheinen manchmal ganz überraschend zu eskalieren, so wie im folgenden Beispiel:

Schmoll hat einen neuen Arbeitskollegen bekommen,
Herrn Lasch. Seitdem stehen abends die Kaffeetassen unge-
spült in der Küche herum, und die Kaffeekanne ist immer
leer. Um des lieben Friedens willen sagt Schmoll nichts,
sondern brüht einfach selbst immer wieder Kaffee auf und
räumt die Tassen in die Spülmaschine. Auch bietet Lasch
ihm nie Hilfe an, obwohl er doch erkennen müsste, dass
Schmoll jeden Feierabend noch so viele unerledigte Akten
auf dem Schreibtisch liegen hat. Am nächsten Morgen ist
der Frust allerdings immer wieder vergessen. Montagnach-
mittag hatte Schmoll ein Meeting mit einem Kunden, und
als er diesem ein Glas Wasser anbieten wollte, war die letzte
Flasche im Kasten leer. Ist doch klar, wer da wieder nicht
aufgefüllt hat ...

Gestern hatte Lasch das Büro von Schmoll für ein Kun-
dengespräch genutzt. Als Schmoll heute Morgen sein Büro
betritt, findet er seinen Besprechungstisch noch voll von
Fingerabdrücken, Wasserflecken und gebrauchten Gläsern.
Darauf braucht er erst einmal einen starken Kaffee. Als er
sich in der Küche einen eingießen will, ist die Kanne leer
... Jetzt ist das Fass übergelaufen: Schmoll rast hinüber zu

seinem Kollegen, brüllt „Jetzt ist endgültig Schluss! Ich habe von Ihrem unkollegialen Verhalten die Nase voll!" und knallt die Tür hinter sich zu.

Sicherlich kennen viele von uns diese Situation. Eigentlich wollen wir etwas sagen – klar machen, dass uns dieses oder jenes nicht gefällt –, aber aus irgendeinem Grund fressen wir den Ärger dann doch immer wieder in uns hinein. Und im Nachhinein ärgern wir uns darüber, weil der andere so weitermacht und das, was uns eigentlich stört, nicht ändert.

Was zeigt uns diese Geschichte? Dieses immer wieder zu beobachtende Verhalten spiegelt sehr gut eine der Strategien wider, die man in der Konfliktmanagement-Wissenschaft „Rabattmarken sammeln" oder auch „Das Heft einlösen" nennt. Aber wie genau funktioniert diese Strategie?

Die Rabattmarken-Strategie

Sie entspringt einer alten Tradition, die schon in den sechziger Jahren des vergangenen Jahrhunderts florierte und in letzter Zeit wieder eine richtige Renaissance erlebt hat: die Rabattmarke.

Bei jedem Einkauf bekommt man Märkchen, die dann zu Hause sorgfältig in ein Heft geklebt werden. Und wenn das Heft voll ist, löst man es gegen etwas ein, was sonst vielleicht über das Haushaltsbudget hinausgehen würde. Die

Idee der Rabattmarken ist nicht nur im Verbrauchermarkt, in Gestalt von modernen Payback-Systemen oder Meilenprogrammen in regem Gebrauch. Sie stellt auch eine effiziente und nachhaltige Strategie im Konfliktmanagement dar. Denn auch hier sind wir Menschen seit alters her Sammler. Allerdings wird bei dieser, in vielen Kulturen schon traditionellen, Rabattmarken-Strategie nicht geklebt, sondern geschluckt – und zwar nicht Alkohol, sondern Ärger (manchmal braucht es vielleicht sogar auch einen Schluck Alkohol, um ihn herunterzuspülen).

Die Regel dieser Konfliktlösungsstrategie gibt vor, alle im täglichen Leben aufkommenden kleinen Konflikte nicht sofort auszutragen – was jedes Mal viel Energie benötigte –, sondern den Ärger zu unterdrücken. Also gar nicht darauf eingehen, dass einen etwas stört, sondern am besten erst einmal nachgeben. Und das wiederholt man bei jedem neu aufkommenden Konflikt.

Meistens werden die Zeitspannen zwischen den einzelnen Stresssituationen dann immer kürzer, was dem Rabattmarkenkleber anzeigt, dass das Heft bald voll sein wird. So erspart sich der Rabattmarken-Stratege über lange Zeit unangenehme Konfrontationen und wird später in der angenehmen Lage sein, mehrere Konflikte direkt auf einen Schlag zu lösen.

Dies nennt die Konfliktmanagement-Wissenschaft bezeichnenderweise „Das Heft einlösen". Denn auch hier leistet man sich etwas, was über das normale Budget in punkto Umgang mit Menschen weit hinausgeht. Sehr oft bekommt der Gegner solch eine geballte Ladung von Gefühlen und Argumenten an den Kopf geworfen, dass er zu keinerlei Gegenwehr in der Lage ist. Zum einen wird er nämlich durch einen Überraschungstreffer, in Form einer oft über Jahre hinweg akkurat gesammelten Masse von Themen und Argumenten, erschlagen. Zum anderen hat er der heftigen emotionalen Power nichts entgegenzusetzen, da er eher überrumpelt und nicht selbst wütend ist. Der Angreifer erwischt den Gegner so auf dem falschen Fuß, dass er die Machtverhältnisse eindeutig für sich entscheiden kann.

Eine Konfliktmethode also, mit der der virtuose Konfliktlöser effizient mehrere Themen auf einmal – sozusagen alles in einem Aufwasch – erledigt. Menschen, die die Rabattmarken-Strategie aktiv anwenden, sind eigentlich das genaue Gegenteil von Konfliktvermeidern, denn sie packen das Thema radikal an und erledigen es ein für alle Mal. Hier scheint der große Vorteil der Rabattmarken-Strategie zu liegen.

Risiken und Nebenwirkungen

Die fatale „Nebenwirkung" dieser Strategie ist allerdings, dass dabei nicht nur der Streit, sondern oft auch die Beziehung „erledigt" wird. Das Problem ist zwar irgendwie erst einmal vom Tisch, aber es ist so viel Porzellan zerschlagen worden, dass die Beteiligten sich danach eher aus dem Weg

gehen werden oder die Beziehung – soweit möglich – vollständig beenden. Schmoll wird früher oder später merken,
dass ihm das Ganze aus dem Ruder gelaufen ist und seine
Reaktion, auf die konkrete Einzelsituation bezogen, völlig
unangemessen war. Es bleibt ihm ein schlechtes Gewissen
oder zumindest ein ungutes Gefühl.

An diesen Konflikt wird er jedenfalls nicht gerne zurück-
denken. Und auch Lasch wird diesen Streit nicht in guter
Erinnerung behalten. Er fühlt sich wahrscheinlich völlig
überrumpelt und ungerecht behandelt. Auch für ihn ist der
Konflikt negativ verbucht.

Dabei könnte das „unter den Teppich Kehren" eigentlich
funktionieren und sogar positiv sein, wenn es im Sinne
von „die Fünf wirklich gerade sein lassen" geschähe. In
unserem Eingangsfall könnte Schmoll beispielsweise die
Schludrigkeiten von Lasch wirklich akzeptieren und künftig freiwillig, und ohne sich zu ärgern, die Tassen selbst in
die Spülmaschine stellen, nach dem Motto: Lasch ist zwar
ein Chaot, aber ohne seine fantastischen Ideen wäre ich auf-
geschmissen. Schmoll würde damit das Verhalten von Lasch
akzeptieren, ohne zu murren.

Dramatisch wird es aber, wenn – wie so oft – das unterlassene
Murren nicht wirkliche Akzeptanz, sondern Verdrängen ist.
Der verdrängte Ärger fängt dann an, in unserem Innern ein
Eigenleben zu entwickeln, und wir tragen ihn buchstäblich
mit uns herum, wie Schmoll in unserer Eingangsgeschich-

te. Dieses Zwischenstadium, in dem wir den Ärger weder loslassen können, noch den Mut haben, ihn offen auf den Tisch zu legen, kann unterschiedliche, aber selten positive Auswirkungen haben: Der weiterfressende Ärger wird dann womöglich zum Magengeschwür, rächt sich mit verdeckten Bestrafungen, zum Beispiel Herabwürdigen des Kollegen bei anderen, Boykott der Mitarbeit und Ähnlichem, oder macht sich, wie in unserem Eingangsbeispiel, in einer verbalen Explosion Luft.

Wenn wir es jedoch nicht schaffen, das Verhalten des anderen wirklich zu akzeptieren, warum sprechen wir den Ärger dann eigentlich nicht gleich an? Warum lassen wir es bis zur Explosion kommen und sammeln Marke für Marke, bis das Heft voll ist?

Im Teufelskreis gelandet

Es kommt zur Eskalation, weil wir uns unbewusst in einen Teufelskreis begeben haben: Aus negativen Erfahrungen mit Konflikten in der Vergangenheit, ist die Überzeugung entstanden: Streit gefährdet die Harmonie und bringt Menschen auseinander. Da ich schlechte Erfahrungen mit Streit gemacht habe, vermeide ich ihn. Da ich Streit vermeide, staut sich bei mir Wut an. Da sich immer mehr Wut anstaut, explodiere ich irgendwann. Da ich im Streitfall explodiere, bleibt ein negatives Gefühl zurück. Meine innere Überzeugung verstärkt sich: Streit ist schlecht und in Zukunft sollte ich ihn unbedingt umgehen…

„Irgendwas passt mir nicht":
(nächste) Verärgerung

Abneigung gegen Konflikte
Angst vor Konflikten

Ärger runterschlucken

nächste Verärgerung:
Hals schwillt an

heftiger Streit bis zum bitteren
Ende: Beziehungsabbruch

Ärger unterdrücken

Der Kragen platzt:
Explosion

Den Teufelskreis durchbrechen

Was kann getan werden, um aus diesem Teufelskreis wieder
herauszukommen?

Am einfachsten lässt sich der Teufelskreis an der Stelle
durchbrechen, wo erstmalig ein Unbehagen entsteht. Das
wäre in unserem Eingangsbeispiel die Situation, als Schmoll
zum ersten Mal die dreckige Tasse von Lasch in der Spüle
vorfindet. Zu diesem Zeitpunkt empfindet Schmoll noch
nicht einmal Ärger, sondern allenfalls eine Irritation, die
rasch ausgeräumt werden kann. In diesem Moment ist noch
kein Porzellan zerschlagen und man hat noch eine gute
Chance, das Thema einvernehmlich zu lösen.

Was Schmoll vielleicht daran hindert, zu diesem Zeitpunkt
das Thema anzusprechen, könnte die Angst sein, von seinem neuen Kollegen als penibel oder kleinkariert angesehen

zu werden oder ihn zu verärgern und damit die Beziehung schon am Anfang zu belasten. Diese Bedenken sind nicht von der Hand zu weisen, da tatsächlich die Gefahr besteht, dass Lasch sich angegriffen fühlt. Wie könnte Schmoll die Sache also angehen?

Ich-Botschaften

Die besten Chancen, Konflikte zu einem guten Ende zu bringen, bestehen in der sogenannten Ich-Botschaft – umgangssprachlich auch „Nichtverletzende Ärgermitteilung" genannt. Diese ermöglicht es, ein Verhalten anzusprechen, ohne die andere Person anzugreifen, wie es oft durch Du-Botschaften (zum Beispiel „Du lügst immer!") geschieht. Ich-Botschaften werden wie folgt aufgebaut:

Zunächst spreche ich möglichst wertungsfrei das Verhalten an, welches mich stört, zum Beispiel: „Wir hatten uns um 10 Uhr verabredet, du bist um 12 Uhr gekommen." Dann kommt das eigentlich Wichtige der Ich-Botschaft, nämlich meine Gefühle: Ich zeige, was das Verhalten des anderen bei mir ausgelöst hat, also wie ich mich selbst in dieser Situation gefühlt habe: „Darüber habe ich mich ziemlich geärgert, weil ich mir extra die Zeit frei gehalten habe." Und zum Schluss der Wunsch: „Mir würde es helfen, wenn du künftig wenigstens anrufst, damit ich die Zeit auch sinnvoll nutzen kann."

So vorgebracht, werden geäußerte Gefühlsstimmungen nicht zur verletzenden Kritik an der anderen Person. Indem Sie von sich selbst erzählen, machen Sie deutlich, dass Sie selbst ein Problem haben, nicht der Angesprochene. Und das Entscheidende: Sie wecken beim anderen Verständnis. Ich-Botschaften geben also Einblick in die eigene Welt und sind damit Türöffner für wertschätzende Beziehungen!

Schmoll könnte seinen Kollegen Lasch also mit etwa folgender Ich-Botschaft ansprechen: „Gestern Abend stand Ihre benutzte Kaffeetasse noch in der Spüle. Das hat mich geärgert, weil das Aufräumen fast immer an mir hängenbleibt. Können Sie bitte künftig Ihre gebrauchte Tasse direkt in die Spülmaschine stellen? Ich fände es nämlich schön, wenn alle gleich mit anpacken." Damit wäre zum einen klar, worum es Schmoll geht. Zum anderen würde dadurch auch Herrn Lasch die Möglichkeit eröffnet, seine Sichtweise darzulegen.

Mit solchen nicht verletzenden Ärgermitteilungen können Teufelskreise frühzeitig und gleichzeitig beziehungsfördernd verlassen werden.

Schlussendlich halten wir also fest: Rabattmarken sammeln als Konfliktlösungsstrategie lohnt sich nicht, sondern führt uns direkt in die Falle. Besser packen wir unmittelbar die erste Rabattmarke an, und statt sie später einzulösen, lösen wir sie lieber gleich im Gespräch mit dem Gegenüber auf.

Essenz

- Ärger herunterzuschlucken und auch kleine Konflikte nicht auszutragen, kann zu einem bitteren Ende führen.

- Das Rabattmarken-Sammeln endet meist mit dem, was man eigentlich damit vermeiden wollte: Man stößt sein Gegenüber vor den Kopf.

- Die auf das viele „Schlucken" folgende, oft völlig unangemessene Reaktion wirkt so gründlich, dass die Beziehung danach erheblich belastet, wenn nicht sogar zerstört ist.

- Reagieren Sie am besten schon beim ersten Unbehagen.

- Durch Ich-Botschaften können Kritik, Ärger und Wünsche so angesprochen werden, dass sie andere nicht verletzen.

Ich-Botschaften sind dreistufig aufgebaut:
- störendes Verhalten wertfrei beschreiben,
- aufzeigen, welche Gefühle es bei mir auslöst, und
- ausdrücken, was ich mir stattdessen wünsche.

Memory spielen
Die Epidemie der Werteritis

„Ich hab eine gute und eine schlechte Nachricht für dich: Zum einen hat der Autohändler angerufen und mitgeteilt, dass unser neu bestellter Wagen bereits einen Monat vor dem anvisierten Datum geliefert wird. Und Evas Bruder hat sich von seiner Frau getrennt."

Welche ist nun eigentlich die gute Nachricht? Und welche die schlechte? Beide können doch irgendetwas Positives oder Negatives haben. Beispielsweise: Ach wie schrecklich, hing der Bruder doch so an seiner Frau. Oder: Ach wie schön – war ja eh eine dumme Gans. Auch die verfrühte Lieferung des Wagens: Mist, ich habe ja das Geld noch gar nicht. Oder: Wie schön, dann sind wir ja schon viel früher wieder mobil.

Menschen haben die Angewohnheit, alles und jedes, was wahrgenommen wird, sofort zu werten und in „gut" oder „schlecht" einzuteilen. Wir nehmen unsere eigene Wirklichkeit als „die Wahrheit" wahr und werten das Verhalten anderer nach diesem, unserem Bild. Wir hinterfragen meist gar nicht, sondern werten direkt, bilden uns also ein (Vor-) Urteil.

Um Ihnen ein genaueres Bild zu vermitteln, hier nun einige Beispiele für die eigene Interpretation:

Wir treffen jemanden, der asiatisch aussieht, und sprechen ihn direkt auf Englisch an – doch vielleicht „babbelt" er ja genauso hessisch wie wir.

Wenn das Wort „Konflikt" erwähnt wird, fragen wir nicht nach, was damit gemeint ist, sondern haben unser eigenes Bild von „Konflikt" vor dem inneren Auge. Wir verbinden damit automatisch ein negatives oder positives Gefühl und setzen einfach voraus, dass andere darunter im Allgemeinen das gleiche verstehen.

Oder: Bei jedem ist das Wort „Wald" anders besetzt – mal dunkel, bedrohlich und angsteinflößend, mal einladend und frühlingshaft, vielleicht sogar abenteuerlich. *„Der eine sieht nur Bäume, Probleme dicht an dicht. Der andere Zwischenräume und das Licht."* (E. Matani, deutscher Philosoph). Dieser Vorgang läuft mehr oder weniger unbewusst, jedenfalls blitzschnell ab.

Die folgende Geschichte zeigt auf eindringliche Weise, wie leicht Menschen dazu neigen, der „Werteritis" zu verfallen und Situationen unbedingt werten zu wollen. Sie soll sich zu Zeiten des chinesischen Gelehrten Laotse in China zuge-tragen haben und zu dessen Lieblingsgeschichten zählen:

Urteilen

Ein alter Mann lebte in einem Dorf, sehr arm, aber selbst Könige waren neidisch auf ihn, denn er besaß ein wunderschönes weißes Pferd. Die Könige boten phantastische Summen für das Pferd, aber der Mann sagte dann: „Dieses Pferd ist für mich kein Pferd, sondern ein Freund. Und wie könnte man seinen eigenen Freund verkaufen?" Der Mann war arm, aber sein Pferd verkaufte er nie.

Eines Morgens fand er sein Pferd nicht im Stall. Das ganze Dorf versammelte sich, und die Leute sagten: „Du dummer alter Mann. Wir haben gewusst, dass das Pferd eines Tages gestohlen würde. Es wäre besser gewesen, es zu verkaufen. Welch ein Unglück! Welch ein Unglück! Nein!" Der alte Mann sagte: „Geht nicht so weit, das zu sagen. Sagt einfach: ‚Das Pferd ist nicht im Stall'. Ob es ein Unglück ist oder ein Segen, weiß ich nicht." Die Leute lachten den Alten aus. Sie hatten schon immer gewusst, dass er ein bisschen verrückt war. Aber am nächsten Tag kehrte das Pferd plötzlich zurück. Es war nicht gestohlen worden, sondern in die Wildnis ausgebrochen. Und nicht nur das, es brachte auch noch ein Dutzend wilder Pferde mit. Wieder versammelten sich die Leute, und sie sagten: „Alter Mann, du hattest recht. Es war kein Unglück, es hat sich tatsächlich als ein Segen erwiesen." Der Alte entgegnete: „Wieder geht ihr zu weit. Sagt einfach: ‚Das Pferd ist zurück'. Wer weiß, ob das ein Segen ist oder nicht?"

Der alte Mann hatte einen einzigen Sohn, der begann, die Wildpferde zu trainieren. Schon eine Woche später fiel er vom Pferd und brach sich die Beine. Wieder versammelten sich die Leute. Sie sagten: „Wieder hattest du recht! Es war ein Unglück. Dein einziger Sohn kann nun seine Beine nicht mehr gebrauchen, und er war die einzige Stütze deines Alters. Jetzt bist du ärmer als je zuvor. So ein Unglück! So ein Unglück! Nein!" Der Alte antwortete: „Geht nicht so weit. Sagt nur, dass mein Sohn sich die Beine gebrochen hat. Niemand weiß, ob dies ein Unglück oder ein Segen ist. Das Leben kommt in Fragmenten, und mehr bekommt ihr nie zu sehen."

Es ergab sich, dass das Land nach ein paar Wochen einen Krieg begann. Alle jungen Männer des Ortes wurden zwangsweise zum Militär eingezogen. Nur der Sohn des alten Mannes blieb zurück, weil er verkrüppelt war. Der ganze Ort war von Klagen und Wehgeschrei erfüllt, weil dieser Krieg nicht zu gewinnen war und man wusste, dass die meisten jungen Männer nicht nach Hause zurückkehren würden. Sie kamen zu dem alten Mann und sagten: „Du hattest recht, alter Mann – es hat sich nicht als Unglück erwiesen. Dein Sohn ist zwar verkrüppelt, aber immerhin ist er noch bei dir. Unsere Söhne sind für immer fort." Der alte Mann antwortete wieder: „Ihr hört nicht auf zu urteilen. Niemand weiß! Sagt nur, dass man eure Söhne in die Armee eingezogen hat und dass mein Sohn nicht eingezogen wurde. Doch nur Gott, der das Ganze kennt, weiß, ob dies ein Segen oder ein Unglück ist." (aus „Wie können wir leben? Religion und Spiritualität in einer Welt ohne Maß" – Michael von Brück – Verlag C.H. Beck, München)

Memory spielen

Erkennen Sie sich in der Rolle der Dorfbewohner oder vielleicht auch in der des alten Mannes wieder? Warum neigen wir Menschen eigentlich dazu, alles und jeden zu bewerten?

Scheinbar hat sich die Menschheit angewöhnt, eine Art „Memory" zu spielen: Bereits von Beginn des Lebens an legen wir jede gemachte Erfahrung in Schubladen ab. Diese Schubladen werden, aufgrund der mit diesen Erlebnissen verbundenen Gefühle, auch schon gleich mit der Aufschrift

„gut" oder „schlecht" versehen. Jede Schublade ist sozusagen die verdeckte Memory-Karte eines Pärchens.

Wenn wir nun im Leben mit Situationen oder Herausforderungen konfrontiert werden – sozusagen eine neue Memory-Karte ziehen – gehen wir im Fundus unserer Erfahrungsschubladen sogleich auf die Suche nach dem passenden Gegenstück, das heißt nach bereits gemachten, gleichen Erfahrungen. Das hat den Vorteil, dass wir bei ähnlichen Situationen nicht jedes Mal wieder die gesamte Denk- und Lösungsmaschinerie in Gang setzen müssen. Damit spart unser Hirn enorm viel Arbeitsspeicher.

Wenn wir das Memory-Gegenstück dann gefunden haben, gibt es uns Hinweise darauf, wie wir uns in der Vergangenheit in gleichen Situationen verhalten haben – eine Anleitung zum Handeln sozusagen. Nach diesem Muster richten wir in der Regel dann auch unser künftiges Handeln aus – egal ob es in der aktuellen Situation wirklich hilfreich ist oder nicht.

Auch Erkenntnisse der Hirnforschung, insbesondere die der Neurowissenschaftler Rizzolatti und Gallese zum Thema „Spiegelneutronen", bestätigen: Wenn wir bestimmte Begriffe hören oder Handlungen beobachten, „verdrahtet" unser Gehirn Vorstellungen und Wertungen und „errechnet" daraus eine Bedeutung. Diese ist für jeden höchst individuell – wie bei Fingerabdrücken gleicht auch hier kein Individuum dem anderen. Ein Beispiel: Angenommen, Sie bekämen die Information, dass es die Autoren dieses Buches in ihrem Leben noch an keinem Arbeitsplatz länger als sechs Monate ausgehalten haben. Oder Sie erfahren, dass es sich bei einem soeben kennengelernten Tanzpartner um einen Gebrauchtwagenhändler handelt. Sofort entstehen bei Ihnen neue, innere Bilder und dazugehörende Bewertungen. Gemäß neurolinguistischen Erkenntnissen geschehen diese „Verdrahtungen" im Gehirn völlig unbewusst. Und je häufiger ein Begriff durch uns in die gleiche Schublade gesteckt wird, desto stärker werden die Denkstrukturen buchstäblich „verfestigt" – unser eigenes, ganz individuelles Weltbild wird dabei fixiert.

In Einzelschritte zerlegt, könnte der Ablauf unserer unbewussten Wertungs- und Handlungsentscheidungen, die blitzschnell durch unser Gehirn getroffen werden, wie folgt abgebildet werden:

Schritt 1: Registrieren und beobachten der Umwelt bzw. unseres Gegenübers
Schritt 2: Bewerten: Interpretation entsprechend unserer „Schubladen" (Memory-Karte)
Schritt 3: Handeln: Reaktion auf die Situation oder unser Gegenüber.

Fatale Fehlinterpretationen

Die Schwachstelle an diesem Ablauf liegt bei Schritt 2: der Interpretation des Wahrgenommenen. Da jeder aufgrund seiner eigenen Schubladen wertet, ist die Gefahr von Fehlinterpretationen relativ groß, was sich auch in der riesigen Anzahl von Konflikten, Krisen und Kommunikationsproblemen in der Welt widerspiegelt. Wir *wissen* eben nicht, was im anderen vorgeht, was er denkt oder fühlt, sondern wir *bewerten* das Beobachtete mit unserem eigenen Weltbild.

Das Dramatische daran ist, dass unser Verhalten auf dieser subjektiven Wertung, und demnach sehr oft auf spekulativen Interpretationen, basiert. Wohin uns unsere inneren Bilder und „Vor-Urteile" führen können, und wie wir uns damit immer wieder selbst ein Bein stellen, zeigt folgende Anekdote:

Sachbearbeiterin Schmoll braucht Hilfe. Sie will ihren Schreibtisch näher ans Fenster rücken. Dieser ist jedoch so schwer, dass sie eine helfende Hand benötigt. Kollege Lasch sitzt im Büro nebenan, also könnte Frau Schmoll hinübergehen und ihn um Hilfe bitten. Aber etwas hält sie zurück: „Vielleicht hat Lasch gar keine Zeit oder will mir nicht helfen. Im Aufzug heute hat er mich schon so unfreundlich angeschaut und keinen Ton gesagt. Musste er wirklich bereits im 1. Stock aussteigen, oder hat er nur den Vielbeschäftigten gemimt, weil er sauer auf mich ist? Aber warum? Wie kann man nur so unkollegial sein und tun, als ob man nicht mal eine Minute erübrigen könne! Das hat man nun davon: Jahrelang habe ich für ihn Kaffee gekocht, weil er selbst nie Zeit hat, und jetzt lässt er mich allein mit dem schweren Ding! Dann mache ich's eben selbst – der kann mich mal!" Voller Wut verschiebt sie den Tisch allein und holt sich einen Hexenschuss.

Und wenn sich Frau Schmoll nun noch völlig entnervt zum Büro von Lasch schleppt und diesen anzischt: „Sie hätten mir ja auch mal helfen können!", ist plötzlich auch der ahnungslose Kollege Lasch in einen Konflikt verwickelt, von dem er bis dato keine Ahnung hatte. Wie würde die Geschichte dann wohl weiter gehen? Auch dies dürfte wiederum davon abhängen, wie Lasch das Verhalten von Frau Schmoll bewertet. Gibt es für ihn noch keine „Schubladen" für ein solches Erlebnis, ist er vielleicht einfach nur belustigt und klärt die Sache auf. Kennt Lasch jedoch aus früheren Erlebnissen ein ähnlich unberechenbares und ungerechtes Verhalten – und hat er womöglich in seiner Kindheit sehr darunter gelitten – wird er vermutlich eher allergisch, wütend oder mit kalter Ablehnung reagieren. Frau Schmoll ihrerseits würde sich in ihrer Bewertung dann wiederum bestätigt fühlen … und so weiter.

Auch im Privatleben tappen wir immer wieder in die Wertungsfalle: „Die Kleine an der Bar ist aber süß. Ob ich sie mal ansprechen und auf einen Drink einladen soll? Mein Lächeln vorhin am Eingang hat sie allerdings nicht erwidert, sondern ganz schnell weggeschaut. Bestimmt findet sie mich unattraktiv!" Also spricht man(n) sie lieber nicht an, und aus einer möglichen Fehlinterpretation des unerwiderten Blickes wird mal wieder eine verpasste Chance.

Diese Szenen machen sehr gut deutlich, welch abstruse Situationen allein durch unbewusst ablaufende Bewertungen
entstehen können. Man läuft – wie der Kommunikations-
psychologe Paul Watzlawick in seinem Buch „Anleitung
zum Unglücklichsein" beschreibt – ständig Gefahr, dass
man das, was man wahrnimmt, als Realität sieht, anstatt
als das, was es eigentlich ist: immer nur eine Hypothese,
aufgebaut auf dem eigenen Weltbild.

Worin liegt eigentlich das Problem? Durch eigene, vor-
schnelle Wertungen erschweren wir unser Leben. Sie stehen
uns ständig und überall im Weg. Beispielsweise verursachen
sie Emotionen, die uns behindern oder vom Glück ablenken
können, wie die in der Geschichte von Laotse beschriebenen, unnötigen Sorgen und Ängste der Dorfbewohner.

Besonders fatal können sich Bewertungen im Kontakt mit
anderen Menschen auswirken, indem wir deren Verhalten
bewerten und ihnen damit automatisch etwas unterstellen,
wie etwa die Interpretation des „unfreundlichen Verhaltens"
von Lasch im Aufzug. Wenn wir mit dieser Unterstellung
allerdings falsch liegen, wird es garantiert zu ungewollten
Missverständnissen, bis hin zur Konflikteskalation, kommen.

Was schlagen wir vor?

Mit dem Bewusstsein, dass unsere Bewertungen immer nur
Interpretationen, also Spekulationen sind, sehen wir zwei

Ansatzpunkte. Zum einen kann man sich das Leben erleichtern, wenn man sich, wie der alte Mann mit dem Pferd, seinen eigenen Gewohnheiten, Gegebenheiten zu bewerten, zuwendet. Zum andern lässt sich bei den Interpretationen der Handlungsweise und Reaktionen von Personen ansetzen (Anekdote von Frau Schmoll).

Auf Wertung verzichten

Unsere erste Empfehlung für Sie: Verzichten Sie überhaupt auf Wertungen! Damit meinen wir natürlich nicht, dass Sie Ihre Wertvorstellungen aufgeben und stattdessen eine Haltung der Beliebigkeit beziehungsweise Gleichgültigkeit gegenüber Situationen annehmen sollen. Doch wie oft machen uns die eigenen Gedanken und Vorstellungen wahnsinnig, obwohl wir später nicht selten feststellen dürfen, dass wir uns umsonst Sorgen gemacht haben. Man weiß eben oftmals erst im Nachhinein, ob etwas, was sich zugetragen hat, ein Schaden oder ein Segen war. Deshalb ist jedwede voreilige Wertung wenig hilfreich. Wenn uns also, wie in der Chinesischen Geschichte, unser Pferd wegläuft, sind wir gut beraten, die Situation einfach so anzunehmen, wie sie ist – mit dem Bewusstsein, dass uns unsere Sorgen nur blockieren, und im Vertrauen darauf, dass Dinge, die zunächst negativ erscheinen, auch ihr Gutes haben können.

Dies geht natürlich nicht einfach von heute auf morgen, denn *wie* wir bestimmte Situationen bewerten, hat sich in unser Gehirn umso stärker eingefräst, je öfter die jeweilige

„Memory-Karte" im Spiel war. Um aus diesem tief verwur- zelten Bewertungsmechanismus wieder herauszukommen, muss regelrecht *bewusst* geübt werden. Hat man diese Hürde aber einmal genommen, kann das eigene Befinden auf wunderbare Weise angenehmer werden. Nur, wie gelingt das?

Nehmen wir an, Sie haben ein Auto gekauft – zum Beispiel einen Kleinwagen von Audi. Vorher ist Ihnen dieser Wagen nie besonders aufgefallen. Sobald Sie jedoch auf den Neuen umgestiegen sind, entdecken Sie erstaunt: „Wow! Meinen neuen Audi sieht man ja wirklich überall!". Sie nehmen auf einmal etwas wahr, was Sie vorher noch nicht bewusst beachtet hatten. Das gleiche Phänomen kennen übrigens viele schwangere Frauen: Plötzlich sehen sie überall Babys, Kleinkinder und andere Schwangere.

Eine solche Aufmerksamkeit können wir in unserem Hirn auch selbst programmieren, indem wir uns für eine gewisse Zeit ganz bewusst auferlegen, auf etwas Bestimmtes zu achten, beispielsweise auf Wertungen: „Ich will ab heute ganz achtsam sein und versuchen, jede meiner Äußerungen darauf zu prüfen, ob sie wertend ist. Und ich lege mir als Anker einen Zettel auf den Schreibtisch, worauf steht: Achtung: Wertungen!". Sie werden merken: Bei der einen oder anderen Äußerung wird schon bald Ihr Hirn die Notbremse ziehen und Ihnen Gelegenheit zur Reflexion bieten. Es wird intuitiv ein unterbrechender Gedanke aufblitzen, wie: „Oh – hier werte ich mal wieder." oder „Stimmt ja, ich wollte ja nicht mehr werten.". Doch: Worauf sollte man denn eigentlich achten? Woran sind die eigenen Wertungen zu erkennen?

Den Wertungsgewohnheiten kann man über die eigene Ausdrucksform auf die Schliche kommen. Unsere Redewendungen geben uns die notwendigen Anhaltspunkte dafür: Stellen Sie beispielsweise fest, dass Sie des Öfteren „Mist!" rufen? Oder erkennen Sie sich selbst immer wieder als hadernd, bekümmert oder sich sorgend? Dies sind Ausdrücke von Wertungen über Gegebenheiten, die gleichzeitig Ihr Ansatzpunkt sind, an dem Sie arbeiten können!

Nehmen Sie sich also bewusst vor, auf Wertungsredewendungen zu achten, sie dann zu stoppen und (gedanklich) umzuformulieren, beispielsweise in: „Hoppla, diese Situation trifft mich jetzt aber völlig überraschend. Na gut, mal sehen, vielleicht steckt ja was Gutes darin." Sie werden schon nach wenigen Tagen feststellen, dass Ihr Hirn ganz automatisch dabei assistiert. Der Schlüssel liegt in der simplen, aber bewussten Entscheidung, auf Wertungen zu achten.

Sicherlich wird der neue Filter nicht sofort alles aussortieren, aber Sie werden bald eine größere, innere Wachsamkeit wahrnehmen. Sollte es am Anfang noch nicht sofort funktionieren, bleiben Sie einfach dran. Ihr Geist wird mit der Zeit immer aufmerksamer, und die neue Denkweise wird immer mehr Raum im Kopf einnehmen – Raum, der bisher von Wertungsgewohnheiten besetzt war.

Unsere zweite Anregung: Konzentrieren Sie sich auf das Feld mit dem meisten Sprengstoff – den Umgang mit unseren Mitmenschen! Wir haben in unserer Anekdote mit Frau Schmoll und Herrn Lasch ja beobachtet, was passieren kann, wenn wir unseren Wertungen ungebremst freien Lauf lassen. Diesen Lauf können wir nur stoppen oder von vornherein verhindern, indem wir die eigenen Wertungen so schnell wie möglich bei unserem Gegenüber verifizieren – uns also rückversichern, ob unsere inneren Gedanken wirklich „verlässlich" sind.

Aber wie soll das gehen? Ganz einfach: durch eine Klärung, bevor Sie reagieren! Und das Klären bewerkstelligen Sie am einfachsten durch Nachfragen. Wenn ich mir in der Deutung einer Handlungsweise oder Reaktion meines Gegenübers nicht sicher bin, lege ich ihm das von mir Verstandene – meine vermutete Deutung – noch einmal mit meinen eigenen Worten dar. Ich setze es ihm sozusagen zur Prüfung vor. Dann frage ich ihn, ob ich es richtig verstanden habe, oder ob ich falsch liege.

In unserer Anekdote könnte das so laufen: Wenn Frau Schmoll Herrn Lasch zuerst gefragt hätte: „Sie waren heute Morgen so kurz angebunden – geht es Ihnen gut?" oder „Sie waren heute im Aufzug gar nicht so freundlich und positiv wie sonst – bedrückt Sie etwas?", so hätte sie rasch herausgefunden, dass Lasch lediglich scheußliche Magenprobleme hatte. Sie sehen, wie wichtig es ist, zu kommunizieren, anstatt nur anzunehmen, dass etwas so ist, wie es scheint.

Mit etwas Übung kann sich so das Miteinander im eigenen Umfeld erstaunlich rasch verbessern – sei es im Beruf oder im Privatleben. Und flugs geht die neu antrainierte Haltung, nachfragen zu wollen und neugierig auf das Gegenüber zu sein, in Routine über und fördert die Intuition.

Die stärkste Waffe, sozusagen der Impfstoff, den wir zur Immunisierung gegen den Konflikterreger „Werteritis" empfehlen, besteht also aus bewusster Aufmerksamkeit auf unsere Wertungen sowie der Gepflogenheit, unsere Deutungen durch Rückfragen zu verifizieren. Entscheidend ist eben unsere Sicht auf das, was uns zustößt, und weniger die Geschehnisse selbst. Damit haben wir auch selbst unser Glück in der Hand. Denn das, was uns passiert, können wir in der Regel zwar nicht ändern, unsere Sichtweise darauf jedoch jederzeit.

Essenz

- Menschen neigen dazu, alles sofort zu bewerten und in „gut" oder „schlecht" einzuteilen.

- Bewertungen führen oft zu unnötigen Sorgen und Ängsten.

- Unsere Wertungen sind nur Hypothesen – damit können wir auch danebenliegen.

- Besonders tragisch ist es, wenn unser Verhalten anderen gegenüber auf Fehlinterpretationen basiert.

- Es kann das Leben enorm erleichtern, sich das Werten generell abzugewöhnen.

- **Im Kontakt mit anderen:** Fragen statt sagen – sich also zuerst rückversichern, ob die eigene Interpretation richtig ist, anstatt sofort zu „schießen".

Warum man jahrelang freiwillig auf Sex verzichtet

Märtyrertum ohne Ende?

Die folgende Situation ist nicht gerade angenehm, aber dennoch kommt sie millionenfach vor. Die Rede ist von dem berühmtberüchtigten „Es". Er will „es", aber sie will „es" nicht. Oder natürlich auch umgekehrt. Worum es hier geht? Bestimmt nicht nur um Sex. Und was „es" ist, ist im Prinzip egal. Denn „es" funktioniert meistens nach demselben Muster: Ob es eine erhoffte Beförderung ist, die aber jedes Jahr pünktlich zum Beförderungstag (den man in vielen Branchen auch „day of long faces" nennt) vergessen wird, oder eine Gehaltserhöhung, die nicht kommen will. Oder ob man schon wieder keinen Urlaub zwischen den Jahren nehmen darf, weil – wie in jedem Jahr – der ältere Kollege bevorzugt wird … Bis hin zum Sex, den man im hektischen Alltag zwischen Job und Freizeit gern doch einmal wieder hätte, sind dem „es" keine Grenzen gesetzt.

Und jedes Mal ist die Reaktion dieselbe: Der oder die andere will nicht. Heute nicht. Das Gegenüber sperrt sich – mal mit Klartext, mal mit Ausflüchten –, aber beim „Nein." bleibt es. Und je stärker der eine nicht will, desto stärker will der andere. Das Naturgesetz, demzufolge Druck Gegendruck erzeugt, kommt hier voll zur Geltung. Je öfter man das eigene Anliegen anspricht, umso größer wird der Druck auf den anderen.

Wie immer diese Geschichten weiter- und ausgehen werden – eines haben sie meist gemeinsam: Der Neinsager fühlt sich früher oder später irgendwie als Spielverderber – vor allem, wenn der Verlangende über geraume Zeit immer wieder mehr oder weniger offen insistiert. Der Verlangende hingegen fühlt sich oft als ungerecht behandeltes Opfer, das es immer wieder von neuem versucht, bis er oder sie schließlich, dem Frieden zuliebe, aufhört oder aufgibt: „Es hat ja doch keinen Sinn." Man resigniert und arrangiert sich – es werden Lösungen drumherumgestrickt. Das kann jedoch dazu führen, dass beispielsweise der frustrierte Mitarbeiter wieder mit der Faust in der Tasche zwischen den Jahren zur Arbeit geht, obwohl er diesmal unbedingt freihaben wollte. Und dies teilweise jahrelang, in der Hoffnung, dass sich das Problem schon irgendwie von selbst geben wird.

Ist damit der Konflikt gelöst? Wir glauben nicht! Im Gegenteil: Er hat sich vervielfacht.

Denn selbst wenn der Konflikt von der fordernden Seite nicht mehr angesprochen wird, existiert er natürlich trotzdem weiter – nur jetzt nicht mehr offen, sondern unsichtbar, einem Damoklesschwert gleich in der Luft hängend: Einerseits ist nämlich das Bedürfnis des Fordernden noch nicht gestillt. Zum anderen lastet, selbst bei stillem Verzicht, weiterhin der Druck auf den Schultern des „Bedrängten", da diesem zweifellos bewusst ist, dass nach wie vor eine unbefriedigte Erwartung im Raum steht. Der Konflikt steht somit unsichtbar zwischen den beiden Partnern,

wie eine Wand, selbst wenn er lange nicht angesprochen
wird. Immer wieder wird er den einen oder den anderen
piesacken, indem er sich in die jeweiligen Gedanken- und
Gefühlswelten der Betroffenen einschleicht.

Darüber hinaus stürzen beide in einen inneren Konflikt:
Der Fordernde scheint nach außen zwar aufgegeben zu haben, aber tief in seinem Inneren schmort das Begehren weiter: „Es wäre doch wirklich nicht zu viel verlangt, zwischen
den Jahren frei zu bekommen!"

Aber, was soll man machen? Einerseits fehlen der Mut und
die Motivation, „es" noch einmal anzusprechen, da die Betroffenen die Ablehnung fürchten und den anderen ja nicht
ständig bedrängen wollen. Andererseits erreichen sie ihr
Ziel nicht, wenn sie ihr Begehren nicht mehr ansprechen:
ein wahres Dilemma. Und auch der Bedrängte steckt in
einer emotionalen Zwickmühle: Im Prinzip möchte der
Chef ja nicht nachgeben, da er den Urlaub bei der vielen,
noch ausstehenden Arbeit einfach nicht gewähren will.
Gibt er trotzdem nach, fühlt er sich schlecht, weil dies zu
einem erheblichen Engpass führen kann. Wenn er jedoch
auf das Begehren seines Angestellten nicht eingeht, fühlt
er sich schuldig, weil er seinem Mitarbeiter etwas scheinbar
Wichtiges verwehrt. Schnell kommt beim Bedrängten so
das Gefühl von Unzulänglichkeit oder der Gedanke „ich
bin nicht okay" auf. Egal wie er es angeht: Entweder fühlt
er sich schuldig oder mies. Er hat die Wahl zwischen Pest
und Cholera.

Trotz dieser beschriebenen Nachteile auf beiden Seiten, entscheidet sich die Mehrheit dafür, den Konflikt nicht auszutragen, sondern „aufzugeben" und zu verzichten. Die Frage ist hier: Warum eigentlich? Warum verzichten Tausende um des lieben Friedens willen auf Dinge, die sie eigentlich schätzen oder die ihnen wichtig sind, und schieben stattdessen still und heimlich Frust?

Schauen wir uns doch ein Beispiel etwas näher an: Warum wartet man alljährlich auf die Beförderung und lässt sich doch immer wieder vertrösten? Ähnlich wie bei dem mehr oder minder freiwilligen Verzicht auf Sex im oft hektischen Alltag, bekommen die Beteiligten nicht das, was sie eigentlich wollen. Und das kann – auf lange Sicht – beziehungsschädigend sein.

Die Wissenschaft geht bekanntermaßen davon aus, dass jedes Verhalten bewusst oder unbewusst durch einen verborgenen Nutzen motiviert ist. „Hinter jedem Verhalten steckt eine positive Absicht" ist zum Beispiel auch eine der Grundannahmen des NLP (Neurolinguistische Programmierung – ein Methodenkonzept, das in der Psychotherapie und im Coaching angewandt wird). Dies legt wiederum nahe, dass auch hinter dem Verhalten „Verzicht" ein verborgener Nutzen liegen muss. Nach verschiedenen Feldstudien, wie man unsere langjährige tägliche Praxis als Berater und Mediatoren auch nennen könnte, haben wir vier Thesen zu solchen möglichen Motiven entwickelt:

Verzicht ist ein „unverzichtbares" Instrument des Märty-
rers. Seine Welt sieht oft so aus: Er leidet an fehlendem
Selbstwertgefühl und sehnt sich unendlich danach, ein
wertvoller Mensch zu sein. Dabei ist er überzeugt davon,
dass er dies nur durch selbstloses Tun erreichen oder durch
Verzicht erkaufen kann. Zwar leidet er an dem Verzicht,
aber er weiß sein Leiden gut zu kompensieren: Er weidet
sich am – jedenfalls in seinem „Kopfkino" existierenden –
Schamgefühl desjenigen, für den er verzichtet hat. Denn
diesem wird die Ungerechtigkeit, die er ihm, dem Märtyrer,
angetan hat, zweifellos irgendwann klar.

Ein Beispiel: Schmoll muss schon wieder auf die erhoffte
Beförderung verzichten, da seine Kollegin Steil befördert
wurde. Er setzt jedoch seine Arbeit mit unvermindertem
Eifer fort und gibt weiterhin alles, in der Vorstellung, dass
der Chef doch irgendwann mal merken *muss*, was er an ihm
hat. In seiner Phantasie spielt sich dann etwa Folgendes ab:
„Er bricht an einem Burn-Out zusammen und fällt für die
Firma völlig aus. Erst über diesen dramatischen Verlust
wird dem Chef klar, was er an ihm hatte, und welch unent-
behrlichen Mitarbeiter er verloren hat. Er schämt sich für
die Ungerechtigkeit, die er Schmoll durch die Bevorzugung
von Steil bei der Beförderung angetan hat, und zollt ihm
endlich die gebührende Anerkennung …".

Märtyrer zehren von der reinen Aussicht auf solche Kom-
pensation und ziehen daraus ein positives Gefühl: „Ich bin

der Gute, die anderen haben es bloß noch nicht bemerkt". In der Märtyrerrolle ist der Verzicht immer verbunden mit einer unausgesprochenen Erwartung an denjenigen, für den man verzichtet hat. Nämlich darauf, dass er es endlich merkt und dann „ganz klein" angekrochen kommt. Der versteckte Nutzen ist hier die Posthum-Anerkennung und die Freude am „Schuldbewusstsein" des anderen. Der Verzicht auf die Beförderung allein macht Schmoll also noch nicht zum Märtyrer. Ebenso macht der Verzicht auf Sex den jeweiligen Partner noch nicht zum Märtyrer, sondern beispielsweise erst die Vorstellung, wie sehr den anderen sein schlechtes Gewissen quälen muss.

These 2: Heile Welt statt Sex

Ein weiterer Nutzen ist die Befriedigung des eigenen Harmoniebedürfnisses. Wir vermuten, dass hinter Verzicht oft ganz einfach der starke Wunsch steht, Konflikte zu vermeiden, um die heile Welt nicht zu gefährden. Insbesondere, wenn nach jedem Streit wochenlang dicke Luft droht. Man schweigt und verzichtet aus Angst, den anderen zu verletzen oder ihn sogar zu verlieren: „Der Chef ist ohnehin gerade so schlecht drauf und rastet aus, wenn ich jetzt auch noch mit meiner Beförderung ankomme. Und bei der momentanen Kündigungswelle trifft es mich womöglich dann auch noch …" Oder: „Wenn ich das Thema Sex anschneide, treffe ich vielleicht einen wunden Punkt, mein Partner fühlt sich unter Druck gesetzt und reagiert aggressiv …" Vielleicht hat man auch Angst vor Gegenvorwürfen: „Du hast doch ohnehin nie Zeit für mich, weil dir deine Arbeit wichtiger ist als ich …!" Oder man befürchtet die Retourkutsche, die womöglich einen eigenen wunden Punkt trifft: „Wenn ich jetzt meine Beförderung einfordere, reibt mir der Chef bestimmt sofort wieder den peinlichen Vorfall unter die Nase, als der Kunde damals wegen meiner Fehlinformationen abgesprungen ist …" Es gibt also genügend schlagkräftige Gründe, die Harmonie in der beruflichen und privaten Beziehung lieber mal nicht zu gefährden.

These 3: Gute Taten als Joker in der Hinterhand

Ein weiteres Motiv kann in einer Streittaktik liegen: Der gesamte, mühsam erarbeitete Verzicht wird als Joker in der Hinterhand dem anderen beim nächsten Streit aufs Brot geschmiert. Man führt sozusagen ein „Guthabenkonto" mit sämtlichen in den eigenen Augen gutherzigen Verzichten, die in einem Konflikt eingelöst und gegen den anderen verwendet werden können: den Chef mehrfach die Lorbeeren für die eigene Arbeit einheimsen lassen, bei jedem Frühstück aufopferungsvoll zugunsten des Partners auf die obere Brötchenhälfte und am Arbeitsplatz, trotz harter Bemühungen, auf die erhoffte Beförderung verzichten.

Wenn es dann irgendwann mal zu einem wirklich gravierenden Konflikt kommt, greift man auf das „Gute-Taten-Konto" zurück und rechnet dem anderen vor, wie viel er einem angesichts der großmütigen Verzichte noch schuldig ist: „Für das Unternehmen habe ich jahrelang ständig mein Privatleben vernachlässigt, meine Familie zurückgestellt und mich auch noch in jedem Jahr beim Weihnachtsurlaub hintenanstellen lassen. Und jetzt wollen Sie mir die verdiente Beförderung verweigern?" oder: „Ich habe für dich so oft auf Sex verzichtet und immer Verständnis gezeigt. Wieso kannst du jetzt nicht auch einmal auf meine Bedürfnisse eingehen und mir meinen Freiraum lassen?".

These 4: Augen zu und weiter so…

…das gibt Sicherheit – und dies ist unseres Erachtens ein weiterer Nutzen hinter dem Verzicht: Die Auseinandersetzung mit unvermeidlichen Konsequenzen macht Angst. Deshalb setzt man sich lieber nicht mit ihnen auseinander und belässt alles so, wie es ist, auch wenn das Verzicht bedeutet. Schließlich können die Konsequenzen ziemlich unangenehm werden: „Was, wenn ich die lang ersehnte Beförderung einfordere, mit der Androhung, ansonsten zu kündigen, und bekomme sie trotzdem nicht? Dann müsste ich mir ja einen neuen Job suchen. Ob ich überhaupt einen finde? Und müsste ich dort dann wieder ganz von vorne anfangen? Vielleicht bin ich ihm egal und er stellt es mir frei zu gehen. Das wäre zu demütigend…" Da erscheint es stattdessen doch besser, Scheuklappen anzulegen, um das Unangenehme nicht sehen zu müssen! Sicher ist sicher.

Es gibt somit durchaus handfeste Gründe zu verzichten. Diese Strategie ist also nicht so einfach von der Hand zu weisen. Wenn jedoch das mit dem Verzicht verdrängte Bedürfnis immer wieder in unsere Gedanken- und Gefühlswelt eindringt und nach Erfüllung schreit, wird sichtbar, dass die beschriebenen, verborgenen Nutzen – jedenfalls langfristig – das ursprüngliche Bedürfnis nicht ersetzen können. So mag der Märtyrer zwar immer wieder eine gewisse Anerkennung in seiner Gedankenwelt produzieren, das eigentliche Bedürfnis, seinen eigenen Wert zu spüren, ist jedoch nicht wirklich zufriedengestellt.

Auch die heile Welt – Harmonie – klingt ja erst mal schön und gut. Aber, was heißt eigentlich Harmonie? Harmonie bedeutet Übereinstimmung, Gleichklang der Gedanken und Gefühle. Doch bin ich wirklich im Einklang mit meinem Chef, meinen Kollegen oder meinem Partner, wenn ich auf etwas mir Wichtiges verzichte? Ich habe dann zwar meine Ruhe, weil ich mich nicht mit meinem Gegenüber und meiner Verlustangst auseinandersetzen muss, aber tatsächlicher Einklang ist damit noch lange nicht hergestellt. Denn auch wenn das Konfliktthema in stillschweigendem Einvernehmen ausgeklammert worden ist, steht es weiter zwischen uns und damit einer wirklichen Harmonie im Weg. Das Ergebnis ist eine lediglich vordergründige Harmonie – eine Scheinharmonie.

Erst recht beim „Gute-Taten-Konto" fragt es sich, ob der Verzicht den Vorteil der späteren Aufrechnung wirklich wert ist. Im günstigsten Fall kann man in kommenden Streitfällen seinen Streitpartner noch eine Zeitlang dazu bringen, auch auf einige ihm wichtige Dinge zu verzichten, denn dies schuldet er einem schon unter dem Kompensationsgesichtspunkt. Aber diese „Lose-lose-" statt „Win-win-Lösung" wird zumindest den anspruchsvollen Leser nicht langfristig erfreuen.

Selbst die bei der Scheuklappenlösung gebotene Sicherheit ist auf Sand gebaut. Der Status quo erhält zwar sicherlich erst einmal eine gewisse Verlängerungsfrist. Allerdings weiß man nie genau, was im anderen vorgeht. So gesehen sind die beschriebenen, verborgenen Nutzen eher Trostpflaster, welche die tieferliegende Wunde für eine gewisse Zeit notdürftig verschließen, jedoch sicher nicht dauerhaft heilen.

Wie könnte aber eine Lösung aussehen, die nachhaltig wirkt – also eine dauerhafte Heilung bringt?

Aktiv werden statt verzichten

Unseres Erachtens liegt der Ausweg nicht im Verzichten, sondern im Handeln. Das heißt ganz konkret: den Konflikt auszutragen anstatt ihn weiter vor sich herzuschieben. Dazu muss man sich aber selbst erst einmal im Klaren darüber sein, was überhaupt wichtig ist – das heißt, welche Interessen einem in diesem Fall besonders am Herzen liegen. Eine hilfreiche Methode, um das herauszufinden, ist das gedankliche Durchspielen der drei Handlungsalternativen *love it, change it or leave it*. Die dadurch gewonnene Klarheit bildet die Basis, sich danach für einen der drei Wege zu entscheiden.

Entgegen verbreiteter Erwartungen geht es bei *love it* nicht etwa darum, ungewollte Zustände einfach hinzunehmen und alles durch die rosarote Brille zu sehen, sondern sich folgende Fragen zu stellen: Was würde wirkliches Akzeptieren für mich bedeuten? Kann ich mir überhaupt vorstellen, die Situation so anzunehmen und mich mit ihr so anzufreunden, dass ich sie „lieben" kann (= so akzeptieren, wie sie ist)? Um das herauszufinden ist es gut, einmal hinter den Wunsch zu schauen und das dort verborgene, wirkliche Bedürfnis aufzuspüren.

Nehmen wir das Beispiel „Ich will befördert werden!". Was steckt hinter diesem Wunsch? Möglicherweise das Bedürfnis nach Anerkennung meiner Leistungen? Oder brauche ich vor allem mehr Geld? Ärgert es mich, dass schon drei meiner Kollegen befördert wurden und die Firma nur mir keine Zukunftsperspektive bietet? Oder ist es mir nach außen, besonders vor meiner Familie und meinen Freunden gegenüber, wichtig, eine berufliche Karriere mit Status und Titel vorweisen zu können? Vielleicht ist mir aber auch der Job inzwischen einfach nur zu langweilig geworden, und ich brauche neue Herausforderungen? Und so fort …

Ist mein individuelles Bedürfnis geklärt, gilt es als nächstes, dieses in Relation zu meiner Arbeitssituation insgesamt zu betrachten – mit ehrlichem Blick und mit der Frage verbunden: Ist mein Bedürfnis wirklich unbefriedigt, oder wird es auf meiner Arbeitsstelle womöglich auf andere Weise erfüllt? Vielleicht ist ja meine Sehnsucht nach Anerkennung bereits durch andere „Liebesbeweise" meines Chefs reichlich gestillt, indem er sonst fast alles für mich tut und immer hinter mir steht – nur habe ich es vor lauter Frust nicht wahrgenommen? Möglicherweise habe ich mich auf die Beförderung versteift und gleichzeitig die mir gebotene Gelegenheit, mich viel stärker bei der Geschäftsleitung zu präsentieren, gar nicht in diesem Licht betrachtet?

Durch die neue, erweiterte Blickrichtung ergibt sich vielleicht von ganz allein ein neues Bild. Die Situation selbst (zum Beispiel keine Beförderung) ändert sich nicht, aber im Gegensatz zur „Verzichtsvariante" erlebt man sie jetzt nicht mehr nur als einseitigen Verzicht, Konflikt oder Last. So entdecken vielleicht auch der Ehemann oder die Ehefrau hinter dem Wunsch nach Sex einfach die starke Sehnsucht nach mehr Nähe, Berührung und Wärme, die man bei genauem Hinschauen plötzlich in vielen kleinen, gemeinsam erlebten Momenten erkennt.

Change it

Bei der Option *change it* liegt das Augenmerk auf der Suche nach Möglichkeiten, die Situation so zu verändern, dass sich die eigenen Wünsche erfüllen. Im Mittelpunkt stehen also die Fragen: Wo liegen eigentlich Veränderungsmöglichkeiten, das heißt, an welchen Schräubchen kann ich überhaupt drehen? Und wie hoch sind meine Aussichten, die Situation wirklich zu verändern? Bedenken Sie dabei, dass in dem Verhalten des anderen nicht unbedingt ein persönlicher

Angriff steckt: „Es heißt noch lange nicht, dass der Chef
mich nicht schätzt, wenn er mich nicht befördert, oder der
Partner mich nicht liebt, wenn er oder sie keine Lust auf
Sex hat." So können Sie sich gelassener den *Change*-Möglich-
keiten widmen.

Diese sind natürlich mannigfaltig. Ein möglicher Weg
wäre, Zwischenziele anzustreben, auch wenn es zunächst
nur eine ehrliche Zusage des Chefs ist, sich für mein Wei-
terkommen engagiert einzusetzen und mir mehr Verantwortung zu übertragen. Gegebenenfalls findet man auch
eine Veränderung, ohne den anderen mit einzubeziehen:
Schmoll bewirbt sich ab jetzt auf jede interne Stelle mit
Aufstiegschancen im Nachbarbereich. Oder er lässt sich bei
der kommenden Wahl in den Betriebsrat wählen, um so in
den Aufsichtsrat zu gelangen und „mit den großen Fischen
zu schwimmen". Auch eine Verschiebung der Prioritäten
auf eine außerberufliche Karriere kann Früchte tragen. Als
aktiver Politiker mit Aussicht auf einen Magistratssitz oder
als engagierter Vorsitzender eines Vereines kann Schmoll
nämlich seinen Mangel an Würdigung und Belohnung be-
heben. Wie auch immer Sie es angehen – hier ist möglichst
viel Phantasie gefragt.

Leave it

Am meisten bewegt und verändert vielleicht das Gedan-
kenspiel mit der Option *leave it*. Das bedeutet, die Situation
nicht anzunehmen, sondern zu verlassen. Niemand zwingt
Sie dazu, die ungewollte Situation auszuhalten. Es erleich-

tert enorm zu spüren, dass man ja auch die Freiheit hat, sich zu verabschieden. Und mit dieser Freiheit erscheinen auch die Optionen *love it* oder *change it* plötzlich in einem anderen Licht: Die gedankliche Beschäftigung mit dem Loslassen bringt Abstand und Klarheit. Die Fragen lauten hier demnach: Wie fühlt es sich an zu gehen? Was wäre verlockend daran, einen Neuanfang zu machen? Was wäre dann in einem Jahr? Was könnte im schlimmsten Fall passieren, und was lasse ich alles zurück?

Durch diese Reflexion ergeben sich meistens klärende Hinweise für die eigene Wahl. Denn entweder gewinnt die Alternative, sich aus der Situation zu verabschieden, an Reiz und man erhält die endgültige Sicherheit, wirklich loszulassen und die ungeliebte Situation zu verlassen. Oder man nimmt die wirkliche Tragweite sowie die möglichen Nachteile erst jetzt richtig wahr und wird sich dadurch bewusst, wie sehr man am Bestehenden hängt und sich, trotz aller unbefriedigten Bedürfnisse, verbunden fühlt. Womöglich schöpft man dadurch wieder Kraft, nimmt plötzlich Positives wahr, das man vorher nicht gesehen hat, und trifft die bewusste Entscheidung für das momentane Arbeitsverhältnis oder die derzeitige Beziehung *(love it)*.

Die Entscheidung

Wichtig erscheint uns jedoch, dass man die Entscheidung für *love it, change it* oder *leave it* nicht als „einsamer Wolf" trifft. Mehr Chancen birgt der Entscheidungsprozess nämlich, wenn er in Partnerschaft erfolgt. Das heißt, ich lasse meinen Chef oder meinen Partner bereits am Gedankenprozess *love it, change it or leave it* teilhaben. Bei der Entscheidung *love it* sollte der andere schon deshalb einbezogen werden, damit auch für ihn die ursprünglich beklagte Situation jetzt in Ordnung und der (innere) Konflikt beseitigt ist. Und bei der Variante *change it* wird neben der eigenen Ideenvielfalt auch die Kreativität des Gegenübers mit einbezogen. So kann der Chef bestenfalls selbst hilfreiche Ideen dazu beisteuern, Schmolls Anliegen zu würdigen. Die gemeinsame Suche kann sogar Spaß machen, wenn sie mit möglichst wenig Druck, unvoreingenommen und wertschätzend erfolgt.

Besonders wesentlich erscheint uns die frühzeitige Einbeziehung des anderen in den eigenen Gedankenprozess bei der dritten Option *leave it*. Denn sobald der innere Entschluss zu kündigen erst einmal gefasst ist, hat der andere meist keine Möglichkeit mehr, auf die Entwicklung Einfluss zu nehmen. Dann kommt zu Recht der Vorwurf: „Du hast mir ja gar keine Chance mehr gegeben!" Wohlgemerkt: Wir plädieren hier nicht für Drohungen, sondern für ein Gespräch auf Augenhöhe, mit offenem Austausch der eigenen, subjektiv ausgedachten Alternativen.

Wenn man Konflikte gemeinsam angeht, steckt darin sicherlich auch die Chance zu verstehen, was in der jeweiligen beruflichen oder privaten Beziehung passiert, diese zu reflektieren und generell wiederzubeleben. Denn oft spiegelt das Konfliktthema auch andere Elemente des gegenseitigen Umgangs wider. Kommen wir deshalb noch einmal auf das Beispiel Büroalltag zurück: Womöglich hat sich in einem immer druckreicheren Umfeld ein Konkurrenzdenken mit wenig wertschätzendem Umgang eingeschlichen. In diesem Fall würden wir durch unseren Verzicht auf die Auseinandersetzung auch die Partnerschaft oder die Kollegialität im Team Stück für Stück zu Grabe tragen. Oder vielleicht fehlt es auch in der Partnerschaft nicht nur beim Sex an Lebendigkeit, sondern auch sonst in der Beziehung, weil der Deckmantel der Scheinharmonie jegliche Lebendigkeit erstickt?

Eines wird hier auf jeden Fall klar: Es ist chancenreicher, aktiv zu werden, statt im Verzicht passiv zu verharren, egal worum es im konkreten Fall geht!

Ergreifen Sie deshalb die Initiative im Sinne von *love it, change it or leave it*. Es ist Ihre Wahl, was für Sie passend und richtig erscheint oder für welche Option Sie sich entscheiden. Natürlich kann keiner den Ausgang fest vorausplanen, und sicherlich gibt es keine 100-prozentig richtige Entscheidung. Jeder Weg mag vielmehr auch Nachteile in sich bergen. Es ist auch nicht relevant, in welche Richtung man sich schlussendlich bewegt. Den Konflikt löst man jedenfalls erst grundlegend, wenn man sich die Zeit für eine ernsthafte Prüfung nimmt, miteinander spricht und dann entscheidet! Nur so bewegt sich etwas.

Essenz

- In Beziehungen – ob beruflich oder privat – gibt man oft nach und verzichtet auf etwas, das einem wichtig ist. Damit ist das Thema jedoch nicht erledigt.

- Verzicht wird nicht belohnt, sondern führt lediglich dazu, dass der Konflikt unterschwellig weiterbrodelt.

- Statt durch Verzicht in Passivität zu verharren, ist es besser, die Initiative zu ergreifen und das Thema anzupacken.

- In jeder Situation haben Sie selbst die Wahl zwischen den drei Optionen: *love it*, *change it* oder *leave it*.

- Binden Sie Ihr Gegenüber in den Entscheidungsprozess mit ein.

Der Kompromisswahn

Warum Halb & Halb nicht glücklich macht

Anna, die Tochter, will wieder nach Marbella an den Strand zu ihrer Freundin Carmen. Die Eltern wollen eigentlich nach Rügen. Der Kompromiss zur Harmonieerhaltung: diesen Sommer Rügen, nächstes Jahr Marbella. Dieses Beispiel lässt sich natürlich problemlos auch auf jeden Betriebsausflug übertragen.

Oder ein Beispiel aus dem Berufsleben: Herr Lasch und Frau Schmoll müssen sich ein Büro mit zwei Schreibtischen teilen. Beide wollen lieber den Schreibtisch mit Blick auf die Tür. Ihr Kompromiss: Lasch bekommt zunächst den begehrten Schreibtisch, aber nach einem halben Jahr wird getauscht.

Kritiker dieser nahe liegenden Kompromisslösungen mögen einwenden, dass Lasch und Schmoll zumindest ein Halbjahr lang auf einem Platz sitzen, der ihnen nicht gefällt. Und bei unserem Urlaubsbeispiel in jedem Sommer mindestens einer dort landet, wo er eigentlich überhaupt nicht hin wollte. Aber – um mal beim Urlaubsbeispiel zu bleiben – immerhin haben die drei jetzt eine gemeinsame Lösung gefunden und können sich auf einen Urlaub zu dritt freuen. Und wenn sie dieses Jahr in Rügen am Strand spazieren, können sie sich gemeinsam über die Schönheiten der Ostsee erfreuen, aber auch schon über das schöne Wetter und das abendliche „Sehen und Gesehenwerden" nächsten Sommer in Spanien phantasieren.

So gesehen sind Kompromisslösungen geradezu ideal!

Oder würde der Urlaub vielleicht eher so verlaufen? Anna meckert die ganze Zeit herum: „Hier werde ich überhaupt nicht braun! Der Wind ist viel zu kalt. Hier ist überhaupt nichts los, alles nur Scheintote! Wenn Carmen da wäre ... !" Den Eltern ist der Urlaub damit auch gehörig verdorben. Denn obwohl Rügen ihnen wunderbar gefällt, können sie den Urlaub nicht genießen, weil die Tochter so missmutig ist. Die durch den Kompromiss erhoffte Harmonie kippt ins Gegenteil. Anna ist erzürnt darüber, dass sie dem Kompromiss zugestimmt hat und nicht auf Spanien bestanden hat. Angenommen es regnet auf Rügen auch noch, wäre Anna noch zorniger, dass die Eltern so ein blödes Regenloch ausgesucht haben. Die Eltern sind wiederum sauer, dass Anna den Kompromiss nicht „einhält" und ihnen den Urlaub versaut. Aber konsequent wie sie sind, bleiben sie, heftig streitend oder beleidigt, jedenfalls aber in voller Disharmonie auf Rügen und womöglich auch im kommenden Jahr in Marbella. Die Schönheiten von Rügen und Marbella werden gar nicht mehr wahrgenommen, weil der Streit ihre volle Aufmerksamkeit fordert. Das traurige Ende: Keiner hatte seinen Spaß. Und noch tragischer: Der ursprüngliche Grund der Kompromisslösung, nämlich die Harmonie, ist voll auf der Strecke geblieben.

Ähnlich könnte es unseren harmoniebestrebten Kollegen Lasch und Schmoll gehen: Frau Schmoll fühlt sich an ihrem Tisch mit Blick auf die Wand überhaupt nicht wohl und ärgert sich, dass sie sich auf die Kompromisslösung eingelassen hat. Unfair findet sie inzwischen auch, dass Lasch als Erster am besseren Tisch sitzen darf. Und wer weiß, ob der in einem halben Jahr tatsächlich seinen Schreibtisch wieder tauscht. Frau Schmolls Laune sinkt von Tag zu Tag, und die Atmosphäre im Büro entsprechend mit ihr. Lasch ist auch nicht so richtig glücklich mit dem Kompromiss. Er fühlt sich zwar sehr wohl an seinem Schreibtisch, weiß aber jetzt schon, dass er den schönen Platz bald wieder aufgeben muss. Außerdem hat er jedes einzelne Kabel sorgfältig verlegt und alles gerade so schön auf seinem Schreibtisch eingerichtet, so dass er schon jetzt beim Gedanken, den Schreibtisch in einem halben Jahr wieder neu einrichten zu müssen, genervt ist. Aber es war nun mal so ausgemacht, also fügt sich auch Lasch in sein selbst erwähltes Schicksal.

Mal ehrlich betrachtet: Wie läuft es denn bei Ihnen? Können Sie in der Regel die Vorteile der Kompromisslösung genießen? Wären Sie also in der Rolle von Frau Schmoll oder Herr Lasch richtig zufrieden oder würden Sie beispielsweise in unserer Urlaubsgeschichte auf die erste Variante tippen, ist Ihnen zu gratulieren. Sie dürfen an dieser Stelle aufhören weiterzulesen. Für Sie ist die Kompromisslösung tatsächlich zu empfehlen!

Sollten Sie allerdings eine gewisse Wahrscheinlichkeit darin sehen, dass Sie die eher unglücklichen Varianten unserer Geschichten erleben, lohnt es sich vielleicht, über folgende, absolut kompromisslose Lösungen nachzudenken:

Schauen wir uns zunächst unseren Schreibtischstreit an: Schmoll und Lasch stellen ihre Tische nebeneinander, damit beide den gewünschten Blick auf die Tür haben. Sie sind zunächst ganz zufrieden, aber nun ist es ziemlich eng zwischen den beiden Möbelstücken und nach ein paar Tagen nervt es sie doch gewaltig, dass sie sich ständig an dem Tisch des anderen vorbeizwängen müssen – insbesondere Frau Schmoll, die sich an Laschs Tisch dabei nicht nur das Knie anstößt, sondern auch noch ständig eine Laufmasche in ihre schönen Feinstrumpfhosen reißt.

Oder in unserem Urlaubsbeispiel: Anna fliegt allein zu ihrer Freundin nach Marbella. Die Eltern fahren nach Rügen. Jetzt werden Sie vielleicht einwenden, dass die drei ja gerade im Urlaub zusammen sein wollen. Richtig, aber zu welchem Preis erfolgt das Zusammensein? Da wären wir wieder bei unserer unglücklich verlaufenen Variante, deren Realitätsnähe Sie soeben nicht ganz verleugnen konnten.

Begeben wir uns also mit den dreien auf die verschiedenen Wege: Eltern und Anna sind zunächst vielleicht etwas enttäuscht, dass die Familie nicht zusammen ist. Aber das gibt sich, je besser sie sich jeweils eingelebt haben. Da es niemanden zum Streiten über den „richtigen" Urlaubsort gibt, fällt das Genießen der freien Zeit deutlich leichter als bei der gemeinsam Kompromisslösung. Jeder erlebt nun also seinen von ihm gewählten Urlaub zunächst relativ ungestört. Doch vielleicht bekommen die Eltern schon nach ein paar Tagen Sehnsucht nach ihrem Kind und fragen sich ständig, wie es Anna wohl geht. Auch Anna wird es nach fünf Tagen langweilig, denn sie vermisst die schönen Ausflüge, die ihre Eltern immer mit ihr machen. Gleichzeitig kommt bei allen dreien die Lust auf, ihre Erfahrungen auszutauschen. So richtige Freude will in diesem Urlaub also auch nicht aufkommen, und die Familie erwartet nichts sehnlicher, als sich wiederzusehen. Das Happyend kommt also erst nach den Ferien.

Zugegeben: Diese radikal kompromisslose Lösung erscheint auch nicht gerade optimal, aber immer noch besser als die Kompromisslösung in Disharmonie. Die Folgen können zwar einige getrennte Wege sein. Darin kann man aber auch Vorteile sehen oder sogar eine Strategie daraus entwickeln, wie folgendes Ehepaar, das nach dem wesentlichen Grundstein für seine langjährig so glücklich verlaufende Beziehung gefragt wurde und antwortete: *„Wir gehen seit unserem Zusammensein regelmäßig einmal pro Woche in das romantische Restaurant am Hafen, in welchem wir uns vor vielen Jahren kennen gelernt haben. Er geht dienstags und ich gehe donnerstags."*

Wir kennen sie alle, die mannigfaltigen Kompromisslösungen, die täglich geschlossen werden. Man stolpert
nicht nur im eigenen Leben ständig darüber, sondern auch
in den Medien, die laufend über neu beschlossene Kompromisse berichten.

Ein Beispiel: Die vorherige deutsche Regierung bestand aus
zwei Parteien, die eigentlich gar nicht miteinander wollten,
geschweige denn konnten. Und trotzdem haben sie in der
Gesundheitsfrage einen Kompromiss gefunden. So etwas
nennt man Große Koalition. Zwar wollte die eine Partei,
dass weiterhin die einkommensabhängige Familienversi-
cherung solidarisch bei Krankheiten einspringt. Die andere
wollte jedoch das gesamte Gesundheitswesen auf eine neue
Basis stellen, auf der jeder einzelne Mensch selbst kranken-
versichert werden müsse. Als Kompromiss einigten sich
beide auf einen Gesundheitsfonds, sozusagen einen Mixer,
der das vorhandene Geld mischt und den entstandenen
„Geld-Smoothy" neu verteilt. Gratulation!

Oder ein anderes Beispiel aus der Schweiz: Die Schweiz
ist ja bekanntlich *das* Land der Kompromisse. Wer weiß,
vielleicht wurden diese dort sogar erfunden. Auf jeden Fall
beherrschen die Schweizer das Kompromisseschließen meis-
terlich. Beim neuen Basistunnel durch die Alpen beispielsweise – eines der größten Verkehrsprojekte in Europa – kam
es zum Streit. Die Deutschschweizer Kantone wollten den

Tunnel natürlich durch ihr Gebiet ziehen, also unter dem Gotthard durch ins Tessin. Die Französisch sprechenden Landesteile hingegen, die sich sowieso als Minderheit meistens benachteiligt fühlen, wollten, dass das Projekt vom Wallis nach Italien realisiert werde. Na gut, sagt sich da ein guter Schweizer und findet selbstverständlich einen Kompromiss: „Dann bauen wir einfach zwei Basistunnel!"

Wir Menschen sind anscheinend, ohne uns dessen bewusst zu sein, gewöhnt, sobald wir unterschiedliche Interessen oder Meinungen haben, einen Kompromiss einzugehen. Wie ferngesteuert sucht man eine imaginäre Mitte – fast schon wie auf dem Basar.

Allerdings bekommen wir beim Betrachten vieler dieser Kompromisse ein ganz flaues Gefühl im Magen, und manche dieser Entscheidungen haben irgendwie auch einen negativen Beigeschmack. Vielleicht kommt das Wort „fauler Kompromiss" daher. Wir fragen die Beteiligten, ob sie denn jetzt wirklich auch das haben, was sie anfangs wollten. Und oftmals beginnen die Antworten mit „Ja, aber ..." oder „Teilweise ...". Man müsse natürlich Kompromisse machen, um es sich nicht mit allen anderen zu verscherzen. Man könne halt nicht immer seine Meinung voll durchsetzen, sonst wird man nicht als fairer Kollege, Kunde, Partner, Demokrat, Christ, Bruder ... gesehen.

Auf den ersten Blick leuchtet das ein und entspricht auch der Sichtweise, die man uns in der Kindheit nahegebracht hat. Auf den zweiten Blick kann jedoch das Gefühl entstehen, dass sich in unserer Kultur sozusagen ein Kompromisswahn entwickelt hat. Und vielleicht ist es gerade unser Streben nach Harmonie, das uns in Kompromisse flüchten lässt? Der Zusammenhang liegt auf der Hand: Je größer das Harmoniebedürfnis, desto größer der Kompromisswahn. Je harmoniesüchtiger ein Mensch, desto „fauler" werden seine Kompromisse für ihn sein, da er seine Bedürfnisse weitgehend zurückstellt.

Was ist eigentlich ein Kompromiss?

Wir wollen hier das kompromissbereite Verhalten in Streitfällen mal ein bisschen genauer betrachten, und beginnen am besten mit der Frage: Was ist eigentlich ein Kompromiss? Ein Kompromiss ist *„die Lösung einer Streitsache, bei der jede beteiligte Partei etwas, keine aber alles das bekommt, was zu bekommen nach Ansicht dieser Partei wünschenswert oder gerechtfertigt wäre"* (Prof. Dr. Rüdiger Bittner, Universität Bielefeld, Leiter der Konferenz „Was taugen moralische Kompromisse", Februar 2012).

Der wunderbare Internet-Alleswisser „Wikipedia" sagt hierzu: *„Ein Kompromiss ist die Lösung eines Konfliktes durch gegenseitige freiwillige Übereinkunft, meist unter beiderseitigem Verzicht auf Teile der gestellten Forderungen."* Und auch noch sinngemäß: *„Der Kompromiss soll die Eskalation des Konflikts verhindern, da der mögliche Schaden einer Niederlage höher bewertet wird als die Nachteile, die durch den Kompromiss entstehen."*

Schlussendlich folgt die Definition aus dem Duden: *„Kom-*
promiss ist die Übereinkunft durch gegenseitige Zugeständnisse."

Da haben wir es also! Jetzt wird natürlich auch klar, woher der komische, teilweise negative Beigeschmack kommt. In dieser Erklärung stechen nämlich die Worte „Verzicht", „Nachteile" und „Zugeständnisse" fast stärker heraus als der eigentliche Nutzen: die Lösung beziehungsweise die vermiedene Auseinandersetzung.

Wir stellen fest, dass Kompromisse Vereinbarungen sind. Das ist gut und positiv. Dabei ist aber auch klar, dass ein Kompromiss praktisch immer eine Lösung ist, bei der beide Parteien einen Teil ihrer Interessen aufgeben oder nicht durchsetzen. *„Ein Kompromiss ist dann vollkommen, wenn beide bekommen, was sie nicht haben wollen"* (Edgar Faure, französischer Politiker). Diese Nachteile nimmt man scheinbar in Kauf, was logischerweise in Lösungen mündet, bei denen beide Parteien Teil-Verlierer sind – das Fazit: weder gut noch schlecht? Zumindest halb gut, würden wir zugestehen, denn so sieht unsere eigene Welt ja oft auch aus. Wie aber können wir unser Umfeld für uns selbst besser gestalten?

Was ist besser als Kompromisse?

Findige Menschen und Mediatoren haben mittlerweile herausgefunden, dass es noch bessere Lösungen gibt als Kompromisse, bei denen beide Parteien gewinnen: die Win-

win-Lösungen. Lassen Sie uns also die alternativ möglichen Konfliktlösungsstrategien anhand des Konfliktlösungsquadrates einmal näher ansehen:

Konflikt-Lösungs-Quadrat

Win-lose-Lösung (A gewinnt/ B verliert)		Win-win-Lösung (Konsens)
	Kompromiss-Lösung	
Lose-lose-Lösung (beide verlieren)		Lose-win-Lösung (A verliert/ B gewinnt)

Forderungen von A (vertikale Achse)

Forderungen von B

Wie die Grafik zeigt, können Konfliktparteien jeweils fünf unterschiedliche Lösungsalternativen ansteuern:

• Lose-lose-Lösung:
Man einigt sich nicht, beide Parteien erreichen nichts beziehungsweise verlieren alles.

• Win-lose-Lösung:
Ich will 100 Prozent meiner Ziele erreichen, auch wenn dem anderen keine einzige seiner Forderungen erfüllt wird. Diese Partnerschaft funktioniert vermutlich nicht lange, weil der andere früher oder später frustriert und enttäuscht sein wird.

- Lose-win-Lösung:

Ich gebe dem anderen vollständig nach, und dieser kann alle seine Ziele erreichen. Auch diese Zusammenarbeit scheint zu einseitig, denn irgendwann bin ich frustriert und fühle mich als Verlierer.

- Kompromiss-Lösung:

Jeder gibt einen Teil nach. Man einigt sich irgendwo in der Mitte. Keiner erreicht dabei zwar seine Ziele voll, aber man kommt ihnen etwas näher und hat sich geeinigt. Langfristig entstehen dabei keine befriedigenden Lösungen, weil beide auch immer zurückstecken müssen.

- Konsens- oder Win-win-Lösung:

Beide Konfliktparteien bekommen letztendlich, was sie wollen. Das anfängliche Problem mündet in eine für beide vorteilhafte Lösung. Kernelement der Win-win-Verhandlungsstrategie ist die Auseinandersetzung mit Interessen und nicht mit Positionen oder gar Personen. Dies setzt allerdings gegenseitige Akzeptanz der Interessen des anderen voraus.

Die Vorgehensweise, um einen Konsens anzusteuern, ist völlig anders als der Kompromissweg. Dies zeigt sehr anschaulich das Orangenbeispiel der amerikanischen Konflikt- und Managementforscherin Mary Parker Follett:

„Bruder und Schwester gerieten miteinander in Streit, weil jeder von den beiden die letzte vorhandene Orange haben wollte. Als die

Mutter dazukam, beendete sie den Streit mit einem Kompromiss, nämlich indem sie die Orange ganz einfach in zwei Hälften schnitt und jedem ihrer Kinder eine Hälfte gab. Die Geschwister zogen lange Gesichter und waren über die Lösung gar nicht erfreut. Denn hätte Mama die Kinder zuvor nach ihren Interessen gefragt (,was willst du mit der Orange?'), statt nach ihren Positionen (,ich will die Orange aber haben'), hätte der Streit sich rasch erledigt. Bei näherem Nachfragen kam nämlich heraus, dass das Mädchen nur die Orangenschale zum Backen eines Kuchens benötigte, während der Junge sich lediglich den Saft auspressen wollte. Es hätten also beide Bedürfnisse voll befriedigt – sozusagen eine Win-win-Lösung gefunden werden können.'' (Veröffentlicht in „Dynamic administration: The collected papers of Mary Parker Follett", 1940, New York)

Ein essenzieller Knackpunkt für Win-win-Lösungen ist also, dass jeder erst einmal selbst wissen muss, was er eigentlich will. Das heißt, jeder sollte seine Interessen zunächst für sich selbst klären, um diese dann offen auf den Tisch zu legen. Aus diesem Interessenpool können dann alle Beteiligten gemeinsam mit möglichst viel Phantasie Lösungsideen stricken – ein fruchtbarer Boden für ein Ergebnis, das alle Interessen berücksichtigt.

Bei unserer Urlaubsgeschichte könnte sich dann etwa herausstellen, dass Anna eigentlich gar nicht unbedingt zu Carmen, jedoch auf jeden Fall eine Freundin dabei haben wollte, also nicht allein mit den Eltern fahren möchte. Dieses Interesse wäre auch befriedigt, wenn eine andere Freun-

din mitreisen dürfte. Die Eltern ihrerseits wollen nicht
nach Spanien, weil es ihnen zu heiß ist und sie nicht nur am
Strand rumlungern, sondern wandern wollen. Dieses Interesse wäre befriedigt in einer Gegend am Meer, wo es nicht
zu heiß wird und Berge in der Nähe sind, beispielsweise
Südfrankreich. Das wäre dann auch abwechslungsreicher für
die Tochter und ihre Begleiterin.

Ein weiteres Beispiel aus dem Büroalltag: Sie sitzen mit
einer Kollegin in der Konferenzetage in einem der kleinen
Sitzungsräume. Sie wollen das Fenster öffnen. Ihre Kollegin
möchte, dass es geschlossen bleibt. Lösung: Sie öffnen das
Fenster im nächsten Sitzungszimmer, wo niemand sitzt,
sowie die Zwischentür zu diesem Raum. Das ist kein Kompromiss, weil damit keine Einschränkung der Bedürfnisse
entsteht, sondern ein Konsens, bei dem beide erreichen, was
sie in Wirklichkeit wollen. Ihre Kollegin möchte nämlich
nicht – wie man auch annehmen könnte – unbedingt in einem geschlossenen Raum arbeiten, sondern lediglich nicht
direkt vom steifen Wind angeblasen werden. Und Sie selbst
begehren nicht ausdrücklich, das Fenster *dieses* Raumes zu
öffnen, sondern haben einfach das Bedürfnis nach mehr
Luft.

Zurück zu den Kollegen Schmoll und Lasch: Wenn die
beiden mal genauer auf ihre jeweiligen Interessen schauen
würden, käme vielleicht heraus, dass Frau Schmoll lieber
den Schreibtisch mit Blick auf die Tür haben will, weil sie
nicht gerne auf die Wand schaut. Für Lasch ist womöglich

wichtig, stets die Tür im Blick zu haben, um sofort sehen zu können, wer herein kommt. Würden beide dann noch weiter forschen, wäre möglicherweise durch Umstellen der Tische eine Lösung zu finden, die alle Interessen berücksichtigt. Im besten Fall wäre dann Frau Schmoll mit einem Blick aus dem Fenster ins Grüne sogar noch glücklicher als mit dem ursprünglich begehrten Schreibtisch mit Türblick.

Die Suche nach der Win-win-Lösung funktioniert umso besser, je mehr wir erkennen, dass in den andersartigen und uns vielleicht erst einmal fernliegenden Interessen des anderen auch eine Chance für uns selbst steckt. Vielleicht entwickelt sich ja bei der Berücksichtigung dieser Interessen eine richtig gute Idee, die uns ansonsten verschlossen geblieben wäre. Hilary Swank hat diese Chance treffend in Worte gefasst: *„Ich bete für den Tag, an dem wir unsere Unterschiede nicht nur akzeptieren, sondern feiern".*

Vielleicht denken Sie jetzt: „Schön, wenn das immer so einfach wäre!" Zugegeben: Win-win-Lösungen sind sicherlich nicht immer einfach zu erreichen. Manchmal gelingen sie auch gar nicht, dafür gibt es natürlich keine Garantie. Unsere Botschaft soll einfach heißen: Wir suchen oft zu wenig! Wir gehen vor allem nicht mit der dazu nötigen, offenen, kooperativen Einstellung an die Sache heran – vielleicht aus Angst, einen Teil der eigenen Position preiszugeben. Vor lauter Verharren darauf, nichts aufzugeben, wird versäumt, sich für Win-win zu öffnen. Mit der Einstellung allerdings, gemeinsam ein besseres Resultat als einen „faulen" Kom-

promiss finden zu wollen, und mit der allseitigen Bereitschaft, hinter die Positionen auf die Interessen zu schauen,
wird eine Konsenslösung immerhin realistisch.

Probieren Sie es aus, bevor Sie das nächste Mal vorschnell
Kompromisse schließen! Die gemeinsame Suche nach den
eigenen Interessen und den Bedürfnissen des anderen kann
sogar richtig Spaß machen und das Gemeinschaftsgefühl
stärken. Und selbst wenn Sie keinen hundertprozentigen
Konsens finden, eine Annäherung an Win-win als Ergebnis
einer kreativ erarbeiteten Lösung lohnt sich allemal.

Essenz

- Viele neigen in Konfliktfällen dazu, dem Frieden zuliebe sofort einen Kompromiss zu suchen.

- Kompromisse sind in der Regel keine befriedigenden Lösungen, weil jeder Beteiligte immer auch Verlierer ist.

- Mehr Zufriedenheit für alle Beteiligten bringen Win-win-Lösungen.

- Win-win-Lösungen findet man durch einen Blick hinter die Kulissen der Verhandlungspositionen, denn dort stecken die Interessen und Bedürfnisse. Diese sind der wirkliche Schlüssel für kooperative Lösungen.

- Auch wenn Win-win-Lösungen nicht immer erreicht werden können, sind sie doch wesentlich öfter möglich, als wir denken. Wir verpassen sie nur allzu oft, weil wir uns gar nicht erst auf die Suche danach begeben.

Königsweg Gericht

Der Streit in Gottes Händen?

Ein Fall aus dem Alltag: Lieferant Stark ist mit einem seiner Kunden und langjährigen Geschäftspartner, Herrn Zorn, in Streit geraten, weil dieser Zahlungen aus einer längst abgeschlossenen Belieferung wegen angeblicher Mängel zurückhält. Es kam zur Eskalation, als Stark wieder einmal die Zahlung angemahnt hatte und Zorn darauf losbrüllte, er habe noch anderes zu tun, als sich mit Lieferungen rumzuschlagen, die nicht in Ordnung seien. Er zahle keinen Cent für diesen Schrott, und Stark solle ihn jetzt endlich in Ruhe lassen. Stark ist jetzt auch richtig erzürnt und denkt: „Jetzt reicht's! Dem werde ich's zeigen. Schließlich geht's hier ums Prinzip! Ich werde mein Recht schon durchsetzen. Der wird schon merken, dass er so nicht mit Menschen umspringen kann. Dem wird es noch richtig Leid tun, dass er sich mit mir so angelegt hat …"

Wohin mit solchen Gedanken und mit diesem Konflikt? Bei uns in Mitteleuropa hat sich für solche Situationen ein Vorgehen herauskristallisiert, das so sicher zu sein scheint, dass es gar nicht mehr hinterfragt wird: der Gerichtsweg. Auch Stark bedient sich dieser alten, sicheren Strategie und klagt seinen Anspruch vor Gericht ein. Er beschreitet damit, anscheinend mit gutem Grund, den Weg, den noch immer die allermeisten Streitparteien gehen. Denn sowohl private als auch geschäftliche Konflikte landen in unserem Land in aller Regel vor dem Richter, auch wenn es alternative Konfliktlösungsmöglichkeiten gäbe. Stark „weiß" nämlich – so gut wie die Mehrheit aller „Streithähne" –, dass das hohe Gericht ihn in seiner Sichtweise ganz bestimmt bestätigen wird. Er wird als Sieger aus dem Rennen gehen, da ist er sich ganz sicher. Aber sehen Sie selbst:

Szenario A: Das Gericht entscheidet wirklich zugunsten von Stark

Stark ist sehr zufrieden: Endlich hat er recht bekommen. Endlich hat ihm dies auch ein neutraler Dritter bestätigt. Und er wird auch die nächsten Male gewinnen, denn sein Rechtsgefühl stimmt. Der Richter hat ihm recht gegeben – für Stark eine Bestätigung, dass er besser und mehr wert ist als sein Prozessgegner. Er hat endlich Genugtuung erfahren, und er fühlt sich richtig gut. Dieses Hochgefühl kann sogar eine ganze Weile anhalten und lässt sich immer wieder zurückholen, wenn er anderen von seinem Triumph und der Niederlage seines Gegners erzählt.

Szenario B: Stark verliert überraschend doch den Prozess

Dies ist ein bitterer Moment für Stark – keine Frage. Da er allerdings weder Zorn noch sich selbst gegenüber Schwäche zeigen will, dreht er in guter Machomanier den Spieß einfach um und degradiert das „Hohe Gericht": „Das Urteil hat mal wieder bestätigt, was für unfähige und schlechte Richter es gibt. Der hat sich mit dem Fall doch gar nicht richtig beschäftigt! So einfach ist nun mal die Rechtslage nicht, dass man sie in fünf Minuten abhandeln kann. Diese

Beamten haben heutzutage doch alle keine Lust und Zeit mehr, sich wirklich mit der Sachlage auseinanderzusetzen. Hätte der idiotische Richter sich etwas besser eingearbeitet und die Sache durchschaut, dann hätte er gewusst, dass ich Recht habe. Da sieht man es mal wieder, wie wahr doch die Volksweisheit ist: Recht haben und recht bekommen sind zweierlei."

Stark lässt sich so, trotz verlorenem Prozess, in seiner unbeugsamen Überzeugung, wirklich im Recht zu sein, nicht irritieren. Er ist „der Einzige", der den Durchblick hat, nicht einmal der Richter kapiert, worum es geht. Er ist nicht nur besser als sein Gegner – er ist auch noch besser als der Richter. Mit diesem Hochgefühl des „Einzigrechthabenden" kompensiert Stark auch die ärgerliche Tatsache, dass er mit dem Prozess viel Geld verloren hat. Und er holt sich dieses Hochgefühl, zumindest temporär, immer und immer wieder zurück, wenn er mit seinen Bekannten gemeinsam lamentiert, wie wenig man sich angesichts solcher unfähiger Richter doch auf unseren Rechtsstaat verlassen kann.

Stark geht also aus dem Gerichtsprozess, wenn gewonnen, persönlichkeitsgestärkt und, wenn verloren, weiterhin uneinsichtig heraus, denn entweder hatte er recht oder lediglich Pech, an einen unfähigen Richter geraten zu sein. So wie auch die Spieler des FC Bayern München „durch einen Schiedsrichterfehler" mal verlieren können, ihre Fans jedoch weiterhin der Überzeugung sind, dass die Jungs ihrer Mannschaft dennoch die Größten sind. Fast trotzig verfestigt sich bei Stark dadurch noch mehr das Gefühl selbst im Recht zu sein – die beste Voraussetzung, um weitere Prozesse anzustrengen. Starks Gegner, Zorn, wird es nicht anders sehen und ist logischerweise weiteren Prozessen gegenüber auch nicht abgeneigt. Dementsprechend folgt dem Prozess der Prozess, ähnlich dem Motto des alten Fußballsprichwortes „Nach dem Spiel ist vor dem Spiel".

So steigen die Prozesszahlen seit Jahren stetig, die Richterschaft droht in der Prozessflut zu ertrinken. Die Gerichtsverfahren dauern dadurch immer länger und der einzelne Richter hat für die zugeteilten Streitfälle zunehmend weniger Zeit. Manch ungeduldiger Mitstreiter regt sich darüber zwar auf, nimmt dies aber, getrieben durch die feste Überzeugung im Recht zu sein, durchaus billigend in Kauf.

Kann es angesichts dieser „überzeugenden" Tatsachen überhaupt noch bessere Möglichkeiten als das Gericht geben? Das Verhalten der großen Mehrheit aller Streithähne scheint diese Frage eindeutig zu verneinen. Lassen Sie uns das Ganze aber einmal nüchtern und mit Abstand betrachten. Was passiert hier eigentlich?

Man übergibt den Streit an den Richter, einen objektiven unbeteiligten Dritten, der einem den Fall abnimmt. Doch unterliegt man hier einer tragischen Illusion: Es wird nämlich ignoriert, dass dieser objektive Dritte gar nicht wirklich objektiv sein kann, da auch ein Richter in seiner Entscheidung, wie wir alle, von seinen persönlichen Erfahrungen und so weiter bestimmt ist und damit zum Teil auch seine eigene Rechtswahrheit als Maßstab anlegt. Zwar mag sich der Richter an den bestehenden Gesetzen und der Rechtsprechung orientieren, aber wie er die Gesetze auslegt, wird bestimmt durch seine persönliche Sichtweise der Welt. Man lässt damit seinen Streit durch die „Wahrheit" des Richters entscheiden. Dementsprechend ungewiss ist dann auch der Ausgang des Rechtsstreits.

Urteile kosten und spalten

Was erreichen die Streitparteien vor Gericht eigentlich wirklich? Sie haben ihr Recht verteidigt und vielleicht haben sie auch Genugtuung erhalten. Das gibt ihnen zunächst ein gutes Gefühl, ist aber mit wirklichen Nachteilen verbunden, die man – womöglich verblendet durch die eigenen Gefühle – nicht wahrnimmt. In Wirklichkeit dauert es unerträglich lang, bis man bei Gericht zu einem Resultat kommt, und es kostet ein Heidengeld. Von den Gerichts- und Anwaltskosten mal ganz abgesehen, fallen gerade in Unternehmen zusätzlich hohe interne Kosten an, die häufig übersehen werden. Darüber hinaus ist meistens die Beziehung zur gegnerischen Partei endgültig zerstört, obwohl man vielleicht noch voneinander profitieren könnte. Schließlich hatte man ja einen guten Grund, warum man die Geschäfts- oder die allgemeine Beziehung eingegangen war. Das Gericht ist, bildlich ausgedrückt, das Beil, das durch seine Entscheidung – sein Urteil – die Parteien spaltet. Wie bei einem Holzklotz, den man auseinanderschlagen will, braucht es manchmal mehrere Anläufe. Dann wird einfach weiter geschlagen, bis das Stück Holz vollständig durchgehackt ist. Bei Gericht ist dies die zweite oder auch dritte Instanz. Das Gerichtsurteil spaltet die Kontrahenten so endgültig, dass sie oft ihr Leben lang nichts mehr miteinander zu tun haben wollen. Ist das Erreichte (im besten Fall die gewonnene Schlacht, jedoch ein verlorener Partner) also wirklich das, was die Konfliktparteien eigentlich wollten? Liegt ihr Interesse nicht ganz wo anders?

Alternativen zum Beil

Die Zahl der Gerichtsfrustrierten, die sich genau diese Fragen stellen und nicht weiter fremdbestimmt sein wollen, scheint zu steigen. Gerne würde man das Schicksal in die eigenen Hände nehmen und eine Entscheidung nicht in die Hände des Richters legen, sondern sich selbst auf die Suche nach einer Lösung der konfliktbelasteten Situation machen. Doch wie soll das gehen?

Wir sind davon überzeugt, dass der Schlüssel für wirkliche Konfliktlösungen nicht dort liegt, wo Gerichte hinschauen, nämlich in Gesetzbüchern, sondern bei den Beteiligten selbst! Erst das Herausarbeiten der eigenen und gegnerischen Interessen, Motive und Gefühle ermöglicht gegenseitiges Verständnis. Und solch ein gegenseitiges Verstehen ist unabdingbare Voraussetzung für einvernehmliche Lösungen. Es ist also essenziell, sich auf diese Hintergründe – sowohl bei sich selbst, als auch beim Gegenüber – zu konzentrieren. Das ist der Türöffner, der die zerstrittenen Parteien ganz von selbst für zielorientierte, selbstgesteuerte Lösungsverhandlungen öffnen kann. Dass die eigentlichen Interessen oftmals durch die im Streit vertretenen Positionen verdeckt werden, zeigte auch die im vorherigen Kapitel zitierte Geschichte der Orange.

Lassen Sie uns die Aufmerksamkeit nun noch einmal auf den Eingangsfall richten, bei dem Lieferant Stark sich mit seinem Kunden Zorn wegen der zurückgehaltenen Zahlung zerstritten hat: Welche eigentlichen Interessen könnten hier hinter den festgefahrenen Positionen unserer Streithähne stecken? Wenn wir die beiden fragen würden, was ihnen denn eigentlich wichtig sei, würde Stark vielleicht antworten: „Eigentlich will ich nur, dass meine Arbeit anerkannt wird, auch wenn vielleicht noch der eine oder andere Fehler darin steckt. Und ich brauche das Geld, um meine Mitarbeiter bezahlen zu können. Außerdem ist es das Allerletzte, wie Zorn mich auf meine höfliche Mahnung hin behandelt hat." Es geht Stark also um Wertschätzung der erbrachten Leistung, vor allem aber auch um Wertschätzung gegenüber seiner Person. Daneben ist ihm Liquidität wichtig, die das Überleben der Firma und damit seine Existenzgrundlage sichert. Zusätzlich erwartet er vielleicht eine Entschuldigung oder zumindest, dass seinem Kunden klar ist, wie sehr dieser ihn mit seinem Verhalten verletzt hat.

Bei Zorn würden mit entsprechenden Rückfragen möglicherweise folgende Interessen zutage treten: Er will nicht bezahlen, solange das Produkt noch mangelhaft ist. Es geht ihm also um fehlerfreie Lieferung, vielleicht auch um die Sicherheit, dass nicht immer alles nochmals kontrolliert werden muss. Im Grunde befürchtet er Ärger mit den eigenen Kunden und Kosten durch Ineffizienz. Letztendlich hängt auch seine Existenzgrundlage davon ab.

Betrachtet man diese Bedürfnisse genauer, schälen sich aus ihnen sogar gemeinsame Interessen heraus. Beispielsweise müssten beide Seiten an einer weiteren Zusammenarbeit interessiert sein, denn sie leben von Starks Produkten. Beide brauchen Kontinuität und Sicherheit. Die Verbesserung der Produktqualität liegt ebenso im Interesse aller.

Stark und Zorn hätten also durchaus – wenn sie ihre beiderseitigen und gemeinsamen Interessen so klar zum Ausdruck gebracht hätten – eine Diskussionsbasis erreichen können, die den Blick weg vom Streit auf eine konstruktive Lösungssuche öffnet. Damit würde es möglich, gemeinsam eine Idee sowohl für die konkrete Situation als auch für die künftige Zusammenarbeit zu entwickeln.

Aber ist das so einfach umzusetzen? Es kommt darauf an, wie viel Porzellan bereits zerschlagen ist.

Wenn bereits viel Porzellan zerschlagen wurde

Der Ablauf von Konflikten – sei es zwischen Unternehmen oder Privatpersonen – gleicht leider zu oft einer Odyssee.

Eine lange Irrfahrt, vom ersten Austauschen von Argumenten über starke Emotionalisierung bis hin zu einander beigefügten Verletzungen, endet im Hafen von Justitia. Klima und Atmosphäre zwischen den Parteien sind dann bereits so vergiftet, dass keine direkte Kommunikation mehr möglich ist. Hier gibt es jedoch eine gute Alternative zum Gerichtsweg: die Mediation. Ein neutraler Dritter – ein Mediator – kann helfen, den Emotionen gezielt Raum zu geben und sie so zu steuern, dass die Ohren und Blockaden sich wieder öffnen können, um die beiderseitigen Motive zu entdecken. Wenn Streitparteien nämlich aktiv und bewusst hören, was ihren Gegner in seiner Position verharren lässt, zeigen sie oft mehr Verständnis. Dies ruiniert zwar das Hochgefühl des Rechthabens, aber angesichts solcher Momente verliert es sowieso meistens an Wichtigkeit. Womöglich lässt ein gemeinsames Lachen (was übrigens in der Mediation gar nicht so selten vorkommt!) plötzlich und unerwartet ein verbindendes Gefühl mit dem Gegenüber entstehen. Dies wird bei einem Gerichtsprozess jedenfalls nicht so häufig passieren.

Mediation ist ein Verfahren für Konfliktfälle, die bereits so weit eskaliert sind, dass die Betroffenen allein keine Lösung mehr finden. Dabei ist das Besondere an der Mediation, dass ein ausgebildeter Mediator – sozusagen ein Zusammenführer und Kommunikationsunterstützer – vermittelt, der die Fähigkeit hat, mit seiner Erfahrung und Methodik Konflikte transparent zu machen, um diese zu entwirren. Denn ist der Knoten erst einmal geplatzt, finden die Streitenden meistens gemeinsam eine konstruktive Lösung.

Das Geheimnis der Mediation

Mediation bedient sich genau des Schlüssels, den auch wir als Türöffner für konstruktive Konfliktlösungen beschrieben haben: Die Suche nach den wirklichen, hinter den festgefahrenen Positionen der Parteien stehenden, Interessen. Dabei geht der Mediator als Verhandlungsmoderator schrittweise vor:

In einem ersten Schritt macht er eine *Bestandsaufnahme,* in der jede Konfliktpartei ihre eigene Sichtweise sowie die jeweiligen Positionen und Forderungen darstellt. Dabei ist sehr wichtig, nicht nur auf der Kopfebene zu verharren, sondern auch den Bauch, also die Beziehungs- und Gefühlswelt, mit einzubeziehen. Denn die Beziehungswelt übt einen wesentlich größeren Einfluss auf die inneren Bremsen aus als die Sachebene (siehe Skizze unseres „Kopf-/Bauch-Modells").

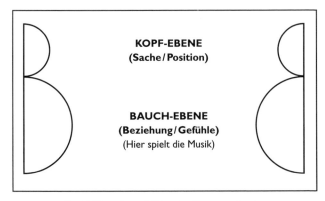

KOPF-EBENE
(Sache/Position)

BAUCH-EBENE
(Beziehung/Gefühle)
(Hier spielt die Musik)

Kopf-/Bauchmodell in der Kommunikation

Der Mediator gibt also auch den Gefühlen einen gebühren-
den Raum. Wenn es beispielsweise zu gegenseitigen Verletzungen gekommen ist, müssen diese „auf den Tisch gebracht
werden". Gerade hier ist eine große Empathiefähigkeit des
Mediators gefragt, denn erst wenn die Bauchebene gebüh-
rend Wertschätzung erfahren hat, ist in den Köpfen der
Boden bereitet, um konstruktiv weiterzuarbeiten.

Im zweiten Schritt wird – wie schon oben beschrieben – gemeinsam „*hinter die Kulissen geschaut*". Die Streitenden betrachten zusammen mit dem Mediator die Interessen hinter
ihren Positionen sowie die jeweiligen Gemeinsamkeiten.
Das ist der wichtigste Schritt! Oft ist dies der erste Moment,
in dem die Streitparteien anfangen, die Sichtweise des jeweils anderen wirklich wahrzunehmen und zu verstehen.
Wie durch Zauberhand weichen bei wirklichem Verständnis nun auch die Aggressionen einer wertschätzenden Haltung. Jetzt schaut man nicht mehr zurück, sondern nur
nach vorn. Und die Parteien drängt es im Idealfall fast automatisch in die *Lösungsfindung* – also in den dritten Schritt,
der es ermöglicht, neue Optionen zu entwickeln und tragfähige Lösungen zu erarbeiten.

Die Wirkung dieser Vorgehensweise zeigt ein Beispiel aus
der Gerichtspraxis, das uns erzählt wurde und welches wir
hier etwas abgewandelt wiedergeben: Eine Stadt stritt sich
mit einer Grundbesitzerin um ein Gartengrundstück. Die
Streitparteien standen sich mit ihren Positionen unver-
söhnlich gegenüber. Die Auseinandersetzung wurde immer

heftiger und landete schließlich vor Gericht. Erst als ein Richter während einer Ortsbesichtigung seine „mediative Brille" aufsetzte und die Grundbesitzerin fragte, weshalb sie eigentlich ihr Grundstück partout nicht hergeben wollte, öffnete sich ein Lösungsweg: Es ging der Frau weniger um das Grundstück selbst, als vielmehr um den schönen alten Nussbaum, der von ihrem Großvater gepflanzt wurde und ihr ein guter alter „Vertrauter" geworden war. Kaum war ihr wirkliches Interesse auf dem Tisch, konnte mit der Stadt rasch eine Lösung „um den Baum herum" gefunden werden, indem die Pläne der Umfahrungsstrasse entsprechend geändert wurden. Im Grunde genommen vergeudeten die Parteien durch ihren Gang vor das Gericht viel Zeit, Geld und Nerven.

Die Dauer einer Mediation ist abhängig von Umfang und Komplexität eines Konflikts. Die Termine können meist kurzfristig anberaumt werden und sind nicht abhängig vom Terminkalender eines Richters. Die Kosten berechnen sich in der Regel nach vereinbarten Stunden- oder Tagessätzen und nicht nach Streitwert. Mediation ist deshalb zeitsparend, kostengünstig und zukunftsorientiert.

Aber wo finden Sie einen Mediator, wenn Sie einen benötigen? Die Industrie- und Handelskammern verfügen in der Regel über Listen zertifizierter Mediatoren, manchmal sogar über eigene Mediationsstellen. Daneben existieren mannigfaltige Verbände, die sich teilweise auf Spezialgebiete wie Familienmediation, internationale Mediation oder Wirtschaftsmediation spezialisiert haben.

Hier stellt sich die Frage: Brauche ich in jedem Fall einen Mediator, selbst wenn der Streit noch nicht so weit eskaliert ist, dass schon der Gang zum Gericht unmittelbar bevorsteht, man also noch miteinander spricht? Um Gottes Willen – Nein! Das können Sie natürlich auch allein in die Hand nehmen.

Ihr erster Schritt in solch einem Streitfall ist sicherlich die nochmalige Kontaktaufnahme mit dem Gegner. Ohne auf die eigene Position einzugehen oder Vorwürfe zu machen, legen Sie Ihrem Gegenüber dar, dass Sie kein Interesse an einer gerichtlichen Auseinandersetzung haben. Geben Sie ihm zu verstehen, dass Sie entstandene Missverständnisse ausräumen und die gegenseitigen Sichtweisen doch gerne gemeinsam an einem Tisch erörtern möchten. Wenn der andere darin einwilligt, haben Sie die Atmosphäre für ein konstruktives Gespräch bereits geschaffen. Falls nicht, können Sie vorschlagen, einen neutralen Vermittler, einen Mediator, einzubeziehen. Denn Mediation ist nicht nur eine gute Alternative zum Gericht, sondern auch in allen Situationen hilfreich, in denen das direkte Gespräch nicht mehr funktioniert.

Wenn es dann zum gewünschten Gespräch kommt, ist es sinnvoll, sich vorher zu überlegen, welche Motive eigentlich hinter Ihrer Position stehen (siehe obiges Beispiel „Stark und Zorn"). Im Gespräch können Sie dann Ihre Interessen offen darlegen, Ihren Gesprächspartner fragen, was ihm in

Ihrer gemeinsamen Beziehung speziell wichtig erscheint und welche Wünsche er an Sie hat.

Versuchen Sie es! Es ist keine Hexerei. Mit guter Vorbereitung, Offenheit und Mut ist der Boden für konstruktive Gespräche oft rasch geebnet, wenn Sie sich für die Ansprache ohne Vorwürfe entscheiden und ein wirkliches Interesse daran haben herauszufinden, welche Bedürfnisse hinter der Position des anderen stecken.

Bei genauerer Betrachtung muss an dieser Stelle wohl selbst der treueste Gerichtsanhänger zugeben, dass der Gerichtsweg den Parteien eigentlich mehr Nachteile als Vorteile bringt und, im Gegensatz zur eigenverantwortlichen Vorgehensweise und zur Mediation, meist nicht zu einer befriedigenden Lösung führt. Der neue Weg scheint zum heutigen Zeitpunkt jedoch noch keine allgemein akzeptierte Alternative zu sein, denn in der Praxis entscheiden sich bisher nur ganz Wenige dafür, einen Mediator aufzusuchen. Vielleicht liegt es daran, dass Mediation im Allgemeinen noch wenig bekannt ist. Sie, jedenfalls, haben ab heute die Wahl!

Wollen Sie lieber ...

- kein „Friede, Freude, Eierkuchen"-Verfahren, sondern eine ordentliche Auseinandersetzung,
- nicht noch künftig mit dem anderen zusammenarbeiten, sondern ihn nie wieder sehen,

- keine Vertraulichkeit, sondern ordentliche Publicity, schließlich sollen so viele wie möglich mitbekommen, dass Sie im Recht sind,
- die Sache nicht in ein paar Tagen erledigt haben, sondern sich schon wenigstens ein paar Jahre über ihren Gegner aufregen können,
- keine neumodischen Konfliktlösungsstrategien ausprobieren, sondern sich vertrauensvoll in die Hände eines altbewährten Systems begeben

... dann bleiben Sie ruhig beim herkömmlichen, erprobten Gerichtsprozess, nach dem Motto „altbewährt hält länger".

Möchten Sie hingegen Konflikte lieber selbst in die Hand nehmen und Beziehungen erhalten, dann probieren Sie doch die mediative Alternative einfach mal aus.

Essenz

- Oft ziehen Streitparteien direkt vor Gericht, in der Hoffnung, dort ihr Recht zu bekommen.

- Die Rechtsprechung und Sichtweise von Richtern unterscheidet sich erstaunlich oft von derjenigen der Rechtsuchenden.

- Durch den Gang zum Gericht wird die direkte Kommunikation und damit auch die Beziehung abgebrochen – auch wenn man sich eigentlich noch braucht. Der ehemalige Freund/Geschäftspartner wird zum Feind.

- Gerichtsprozesse kosten unendlich Nerven, Energie und Geld. Das Ergebnis lässt dazu oft jahrelang auf sich warten.

- Schneller und günstiger können Konflikte durch professionelle Vermittlung, zum Beispiel im Rahmen eines Mediationsverfahrens, gelöst werden.

- Mediation setzt bei den hinter den Positionen steckenden Interessen und Bedürfnissen an. Hier liegt nämlich der passende Schlüssel für Konfliktlösungen.

- Vorteile von Mediation: Beziehungen bleiben erhalten, Win-win-Lösungen sind möglich, die Parteien entscheiden selbst und bleiben damit Herr des Verfahrens.

Ja, aber ...

Warum „recht bekommen" für unsere Persönlichkeit so wichtig ist

Chefbuchhalter Alt zu seinem neuen Stellvertreter Jung: „Was ist denn das für ein ‚Repörtchen'? Damit kann der Vorstand nichts anfangen." Jung: „So ähnlich sah aber bei meiner Vorgängerfirma das Monatscontrolling aus, und der Vorstand hatte immer den Überblick." Alt: „Ja, aber hier ist hier. Der Vorstand muss doch zumindest alle Kosten einzeln sehen. Das haben wir immer so gemacht!" Jung: „Und damit wurde der Vorstand mit Details überschüttet. Der braucht gar nicht diesen Detaillierungsgrad!" Alt: „Da haben Sie leider unrecht! Wer das Geschäft steuern will, muss schon alle Nuancen kennen!" Jung: „Die Einzelheiten sind doch völlig egal und im modernen Managementreporting völlig unnötig. Sie werden schon noch sehen, dass ich recht habe ..."

Oft gehen solche Diskussionen erst zu Ende, wenn eine dritte Person, wie ein dritter Kollege, dazwischen geht: „Hört doch auf zu streiten, das bringt doch nichts!"

Doch sollten sich unsere Streithähne wirklich durch einen Dritten von weiteren Diskussionen abhalten lassen? Von einem Großteil der Bevölkerung wird jedenfalls die halbherzige Art, mit der Harmoniesüchtige, wie der hinzukommende Kollege, versuchen, akut wichtige Themen unter den Teppich zu kehren, nicht geduldet. Die Argumente solcher Advokaten der Konfrontation klingen vernünftig – sie scheinen den Zeitgeist auf ihrer Seite zu haben. Wer nicht auf seinem Recht beharrt, drückt sich nämlich vor einer Klärung der Frage, wer eigentlich recht hat. Und letztlich liegt es doch nahezu jedem von uns am Herzen, dass allgemeingültig und abschließend geklärt wird, ob das Glas halb voll oder halb leer ist. Nicht wahr?

Es scheint also immens wichtig zu sein, „dem Recht zu seinem Recht zu verhelfen". So wird schon Söhnen und Töchtern im zarten Kindesalter beigebracht, dass man sich für sein Recht einzusetzen hat und, wie verbissen, bis zum Letzten argumentiert. Voller Nächstenliebe und Fürsorge scheut man keinerlei Hartnäckigkeit, um andere von ihren Irrgedanken abzubringen und damit vor sich selbst zu schützen. Auch wenn sie es entschieden nicht wollen.

Menschen reißen sich also geradezu darum, gegenüber ihren Diskussionspartnern zu beweisen, dass sie selbst im Recht sind. Man ist erst zufrieden, wenn man den anderen überzeugt hat. Das ist das Wichtige! Der andere behauptet natürlich in der Regel das Gegenteil, dass er nämlich selbst recht habe, und versucht so, sein Gesicht zu wahren. Oft nutzen sie dabei auch eine unangenehm spitze Kampfwaffe: den Satzanfang „Ja, aber...". Der geschulte Verfechter des eigenen Rechts lässt sich dabei von der Bestimmtheit seines Gegenübers nicht beirren. Mit dem „ja" gibt er dem Diskussionsgegner erst einmal das Gefühl, dass er mit ihm übereinstimmt, worauf dieser meistens mit dem Reden aufhört.

Diese Stille wird dann unverzüglich genutzt, um mit einem gezielten „aber" die eigenen, „einzig wahren" Argumente blitzschnell zu platzieren. Selbst lernfähige Gesprächspartner fallen auf diese einfache Zustimmungsgeste immer wieder herein. Die gut trainierten Diskutanten unter uns zelebrieren ihre scheinbare Überlegenheit oft sogar bewusst mit Wettbewerben auf gleicher Augenhöhe, indem sie mit ihrem Diskussionsgegner das „Ja-aber-Spiel" auf mehrere Stunden ausweiten. Dabei drehen sie so lange am Schwungrad, bis derjenige mit der schwächeren Kondition endlich entnervt und frustriert das Handtuch wirft.

Warum ist recht haben und recht bekommen für uns so wichtig?

Wir neigen allzu oft dazu, die „Wahrheit" zu unserer persönlichen Angelegenheit zu machen: Wir identifizieren uns mit unserer Meinung. Dementsprechend definieren wir auch unser Selbstwertgefühl über das „recht bekommen". Wenn wir in *Sach*fragen nicht recht bekommen, fühlen wir uns *persönlich* gekränkt. Wir verbinden damit automatisch mangelnde Wertschätzung und Akzeptanz. Jemand sagt, wir hätten unrecht, und wir filtern heraus, dass wir nicht o.k. seien. Wir fühlen uns damit abgewertet und abgelehnt. Das wollen wir uns wiederum nicht gefallen lassen und verteidigen deshalb unser Recht mit aller Macht.

In solchen brisanten Situationen wirken starke Kräfte: Zum einen dominiert der Wunsch, sich durch Unfehlbarkeit und

Überlegenheit die Bewunderung und den Respekt der anderen zu erobern, was wiederum das eigene Ego stärkt. Zum anderen entwickeln Menschen im Laufe ihres Lebens, geprägt durch Erziehung und das gesamte soziale Umfeld, ein individuelles Bild der Welt, das als einzig wahres betrachtet wird. An diesem Leitbild orientieren sie sich bei der Frage, was richtig und falsch ist, was man zu tun oder zu lassen hat, und was Recht beziehungsweise Unrecht ist. Wir Menschen brauchen ein festes Ordnungssystem, denn es gibt uns Halt und Sicherheit innerhalb der komplexen sozialen Welt, in der wir uns tagtäglich bewegen. Das Beharren auf dem Recht ist demnach ein Festhalten, ein Klammern an diese Ordnung, um die Orientierung nicht zu verlieren. Eine andere Meinung würde unsere Wertvorstellungen ja in Frage stellen und das ängstigt uns.

Aber entsprechen unsere Bilder – unsere Ordnungssysteme – eigentlich der Wahrheit? Ist die Basis unseres Egos, das „Rechtbekommen", eigentlich ein stabiles Fundament, oder unterliegen wir nicht auch hier eher einer tragischen Illusion?

Die Illusion, dass es *die* Wahrheit gibt

In den siebziger Jahren haben sich namhafte Forscher aus verschiedenen Gebieten mit der Entdeckung der Wirklichkeit beschäftigt, einem Thema, das Fachleute unter dem Begriff „Konstruktivismus" einordnen. Dabei zeigte insbesondere der Philosoph und Psychotherapeut Paul Watzlawick auf, dass es aus konstruktivistischer Sicht *die* objektive Wahrheit beziehungsweise Wirklichkeit nicht gibt, sondern dass wir, so Watzlawick, *„an die vermeintlich objektiv bestehende Wirklichkeit immer mit gewissen Grundvoraussetzungen herangehen, die wir für „objektive" Aspekte der Wirklichkeit halten."* Es wird hier also nicht etwa geleugnet, dass es eine Welt „dort draußen" gibt, aber betont, dass uns diese Welt nur *mit Hilfe von Beobachtung* zugänglich ist – das heißt, dass die Welt, in der wir leben, immer eine durch uns selbst interpretierte Welt ist.

„Wir sehen die Dinge nicht so, wie sie sind, wir sehen sie so, wie wir sind." (Anais Nin).

Ein Konflikt in einem Unternehmen wird beispielsweise von einer Gruppe als Störung und Gefährdung der Harmonie empfunden, während andere Kollegen die Auseinandersetzung als Möglichkeit und Aufbruch zur Entwicklung wahrnehmen. Ebenso wird die Globalisierung von manchem als Chance für Effizienzförderung gesehen, während andere mit ihr Bilder von Stellenabbau und Lohndumping verbinden. Und das bereits erwähnte halbvolle Glas wird von anderen als halbleer betrachtet.

Es gibt sie also nicht, die einzige Wahrheit, sondern vielmehr jeweils individuelle, subjektiv empfundene Wahrheiten. Das allein wäre kein Problem, wären wir nicht in unserem eigenen Weltbild gefangen und würden wir nicht so oft unsere Sichtweise als die einzig wahre betrachten. Und je stärker dieses Weltbild durch andere Ansichten bedrängt scheint, desto mehr neigen wir dazu, noch starrer und ängstlicher an unserer eigenen Sichtweise festzuhalten.

Schon Buddha hat es gelehrt

Bereits vor zweieinhalbtausend Jahren hatte Buddha die „Anhaftung" als Wurzel allen Leides ausgemacht – sei es unsere Anhaftung an materielle Dinge, an Menschen oder eben und gerade auch an unsere Auffassungen. Dabei betont Buddha besonders „Avidya" – die Unwissenheit, beziehungsweise das Nichtwissen – weil alles Wissen, mit dem die Welt wahrgenommen wird, immer nur subjektiv sein kann.

Oder um es mit den Worten des Autors Thich Nhat Hanh auszudrücken, der in seinem Buch „Wie Siddharta zu Buddha wurde" schrieb: *„Ist eine Person in ihrem Glauben an eine Lehre gefangen, so verliert sie all ihre Freiheit. Wird man dogmatisch, so glaubt man, nur die eigene Lehre sei wahr und alle anderen seien Irrlehren. Streitigkeiten und Konflikte erwachsen alle aus beschränkten Sichtweisen. Sie können endlos ausgedehnt werden, kostbare Zeit wird mit ihnen verschwendet, und manchmal führen diese Streitigkeiten sogar zum Krieg. Das größte Hindernis auf dem spirituellen Pfad ist die Verhaftung an bestimmte Auffassungen. Ist man an sie gebunden, kann man dermaßen in Verwirrung geraten, dass das Tor zur Wahrheit nicht länger geöffnet bleibt."*

Zu dieser Aussage hat Thich Nhat Hanh mit der alten Geschichte vom Witwer und seinem Sohn gleich ein Beispiel geliefert:

Ein junger Witwer lebte mit seinem fünfjährigen Sohn zusammen. Er liebte seinen Sohn mehr als das eigene Leben. Eines Tages ließ er seinen Sohn zu Hause zurück, da er geschäftlich fort musste. In seiner Abwesenheit kamen Räuber, raubten das ganze Dorf aus und brannten es nieder. Den Jungen entführten sie. Als der Mann nach Hause zurückkehrte, fand er neben seinem niedergebrannten Haus den verkohlten Leichnam eines kleinen Kindes. Er hielt ihn für den Körper seines eigenen Sohnes. Er weinte und klagte, und dann verbrannte er das, was von der Leiche übrig geblieben war. Da er seinen Sohn so innig geliebt hatte, füllte er die Asche in einen Beutel, den er – wohin er auch ging – bei sich trug. Einige Monate später gelang es seinem Sohn, den Räubern zu entkommen, und er machte sich auf den Weg nach Hause. Mitten in der Nacht kam er dort an und klopfte an die Tür. Zu dieser Zeit drückte der Vater gerade den Beutel an sein Herz und weinte. Der Vater weigerte sich, die Tür zu öffnen, selbst als das Kind rief, dass es der Sohn des Mannes sei. Der Mann glaubte, dass sein Sohn tot sei und dass das Kind, welches an die Tür klopfte, ein Kind aus der Nachbarschaft sei, das sich über seine Trauer lustig machen wolle. Schließlich blieb dem Sohn keine andere Wahl, als fortzugehen. So verloren Vater und Sohn sich für immer.

Welch fatale Auswirkungen es doch auf das Leben haben kann, wenn die eigene subjektive Wahrheit für die einzig richtige gehalten wird!

Die Frage, ob jemand recht oder unrecht hat, ist also davon abhängig, wie er die Dinge betrachtet. Und weil jeder eine eigene Sichtweise, eine eigene Art hat, die Gegebenheiten zu betrachten, hat er aus seiner Sicht heraus recht. Sein Gegenüber, das die gleiche Gegebenheit von seiner Seite aus möglicherweise völlig anders sieht, hat jedoch in diesem Sinne ebenfalls recht. Jeder hat – aus dem eigenen Standpunkt betrachtet – sozusagen immer Recht. Ganz ähnlich sieht es anscheinend auch der Rabbi in unserem folgenden Beispiel:

Ein Rabbi wurde gebeten, für ein streitendes Paar schlichtend zu entscheiden. Die Frau kam also zum Rabbi und schilderte ihre Argumente. Der Rabbi hörte aufmerksam zu, dachte eine Weile nach und sagte: „Du hast Recht, gute Frau." Dann kam der Mann und schilderte dem Rabbi seine Sicht der Dinge und legte seine Argumente dar. Auch hier hörte der Rabbi aufmerksam zu, überlegte wieder etwas und sagte: „Du hast Recht." An dieser Stelle meldete sich die Ehefrau des Rabbi zu Wort und fragte ihren Mann: „Aber wie können denn beide Recht haben?" Wieder dachte der Rabbi einen Moment nach und antwortete dann: „Liebes, du hast Recht."
(Quelle: Systemisches Handwerk – Werkzeug für die Praxis, Fryszer/Schwing)

Wenn wir also auch den anderen ihr Recht zugestehen, bedeutet dies noch lange nicht, dass wir selbst im Unrecht sind oder dadurch selbst abgewertet werden. Diese Erkenntnis kann viel Druck aus bisherigen Streitmustern nehmen.

Genauso, wie wir uns in Konfliktfällen – wie von unsichtbarer Hand geführt – in unsere kleine Welt der eigenen Sichtweisen und Rechthaberei zurückziehen, können wir auch wieder hinauskommen – schlicht und einfach mit der ehrlichen und betroffenen Einsicht: „Es gibt auch eine andere Sicht." Diesen Satz können Sie sich – gerade in Konfliktsituationen – gar nicht oft genug vorsagen. Oder besser: Sie hängen ihn zur täglichen Erinnerung an Ihren Badezimmerspiegel!

Den anderen verstehen wollen: Fragen statt Sagen

Mit der Erkenntnis, dass es immer auch eine andere Sicht als meine eigene gibt, ist dann auch der Boden für gegenseitige Empathie bereitet. Die Haltung, den anderen verstehen zu wollen, ist eine erlernbare und trainierbare Kompetenz. Aber wie lässt sich das üben? Nehmen Sie sich vor, in Ihren nächsten Kunden- oder Mitarbeitergesprächen oder im Wochenmeeting einmal ganz bewusst die verstehende Rolle einzunehmen. Seien Sie neugierig und bemühen Sie sich nachzuvollziehen, worauf die Sicht Ihres Gegenübers basieren könnte. Motive und Beweggründe kann man zwar nicht unmittelbar beobachten. Die Gedanken- und Gefühlswelt lässt sich jedoch relativ einfach über Fragen erschließen. Und wenn Ihr Gesprächspartner den größeren Gesprächsanteil der Diskussion hat, ist es Ihnen bereits gelungen, die Rolle des Verstehen-Wollens einzunehmen.

Auch wenn es in der beruflichen Praxis oft eher um harte Fakten zu gehen scheint, liegt der wirkliche Schlüssel für kooperative Zusammenarbeit im Einfühlungsvermögen. Wer seinen Chef, Kollegen oder Kunden wirklich erreichen will, kommt nicht drum herum, ihn verstehen zu wollen.

Ein Beispiel: Ihnen steht ein Gespräch mit einem Kollegen bevor, der aus Ihrer Sicht den Stand eines Projekts und mögliche Risiken völlig falsch einschätzt. Sie könnten nun mit ihm darüber diskutieren, wer von Ihnen beiden recht hat. Sie haben aber auch die Möglichkeit zu versuchen, herauszufinden, was er wirklich will, was hinter seinen Einschätzungen steckt, und ihm dementsprechend ein gemeinsames, passendes Vorgehen anbieten. Damit können Sie mögliche berechtigte Befürchtungen einbeziehen und zugleich die Wahrscheinlichkeit erhöhen, dass der Kollege weiterhin motiviert mit Ihnen an einem Strang zieht.

„Ja, und …" statt „Ja, aber …"

Mit einer solchen empathischen, den anderen wirklich verstehen wollenden Haltung sind dann auch Diskussionen fruchtbar. Denn eine solche „Ja, und …"-Einstellung erweitert unsere Sichtweisen: Hier dürfen unterschiedliche Wirklichkeiten nebeneinander stehen und werden nicht durch ein „Ja, aber …" abgelehnt oder verneint.

Es sind drei bewusste Schritte, die Sie in eine neue Gesprächskultur führen:

1. (Auch in hitzigen Streitgesprächen:) Die Erkenntnis,
dass es unterschiedliche Wirklichkeiten gibt und dass,
wenn der andere recht hat, ich und meine Sichtweise
trotzdem auch rechtens sind,
2. die offene Haltung, den anderen verstehen zu wollen,
also ein Stück seines Weges „in seinen Schuhen" zu gehen
3. sowie eine „Ja, und ..."- anstelle einer „Ja, aber..."-Ge-
sprächsatmosphäre, in der die Meinung des Gesprächs-
partners interessiert aufgenommen und die eigene Sichtweise undogmatisch dargestellt wird.

Sie werden sehen, die Konfrontation weicht in den meisten
Fällen einem offenen, wertschätzenden Gesprächsklima.

Wir wissen, dass es eine gewisse Disziplin und Abenteuerlust
erfordert, den Weg des „Rechthaben-Wollens" zu verlassen,
denn es ist bequemer für uns, auf bereits ausgetretenen
Pfaden zu gehen. Doch so wie die Zauberkraft bestimmter
Tugenden im Märchen aus Fröschen wieder Prinzen werden
lässt, zaubert die Erkenntnis, dass die Vorstellungswelt des
anderen genauso wahr ist wie die eigene, aus einem unguten
Lebensgefühl wieder Abstand und Gelassenheit. Aus Un-
verständnis werden Neugierde und Verstehen, aus einem
destruktiven Konflikt erwächst eine konstruktive Lösung.
Eine festgefahrene Situation erhält wieder Lebendigkeit
und vielleicht sogar wirkliche Partnerschaft. So kann der
scheinbare Verlust des Gefühls, den anderen überzeugen zu
müssen, als echte Befreiung erlebt werden.

Essenz

- Viele streiten so lange, bis man ihnen endlich Recht gibt, weil sie ihr eigenes Wertgefühl davon abhängig machen.

- Unsere Art, die Welt zu sehen, basiert auf unserem inneren Ordnungssystem, das uns Halt und Sicherheit in einer komplexen Welt gibt. Wird dieses Weltbild in Frage gestellt, ängstigt uns dies, und wir wehren uns fast instinktiv.

- Auch die Vorstellungswelt der anderen ist „wahr". Wenn andere Recht haben, heißt das jedoch noch lange nicht, dass ich selbst im Unrecht bin. Ich selbst und „meine Welt" sind dann trotzdem auch weiterhin in Ordnung.

- Nur durch Empathie entstehen gegenseitiges Verständnis und eine wertschätzende Gesprächsatmosphäre. Denn für diejenigen, die gewillt sind, die Welt des anderen zu verstehen, ist die Frage „Wer hat recht?" nicht mehr wichtig.

- Ein „Ja, und…"-Dialogstil, anstatt eines „Ja, aber…"-Kreislaufes, öffnet den Blick in die Welt der Gesprächspartner und bewirkt eine kooperative Gesprächsatmosphäre.

Die Moral der Geschichte mit der Moralkeule

Eine kleine Begebenheit bei einem Galadiner eines Wirt-schaftsverbandes: An einem der festlich gedeckten runden Tische wird fröhlich geplaudert und vor dem Servieren der Vorspeise schon mal ein bisschen Brot mit Butter gegessen. Eine jüngere Dame legt, nachdem sie etwas Butter auf ein Stück knuspriges Weißbrot gestrichen hat, ihr Buttermes-ser nicht auf das Brot- und Butter-Tellerchen zurück, son-dern mit dem Griff auf das Tischtuch und der Messerspitze an den Tellerrand gelehnt. Daraufhin klärt einer ihrer Tisch-nachbarn, ein vornehmer Herr, der scheinbar die Etikette perfekt beherrscht, die Dame über den Tisch hinüber sofort auf, dass sich dieses Verhalten nicht gehöre, sondern dass man das Buttermesser auf das Tellerchen zurückzulegen habe. In Sekundenbruchteilen erstirbt das fröhliche Plau-dern und manch einem bleibt fast das Brot im Halse ste-cken. Im Anschluss an die Abendveranstaltung spricht dann der eine oder andere Gast den vornehmen Herrn darauf an, dass man das einfach nicht tun könne. Man weise nieman-den vor allen anderen Gästen öffentlich zurecht!

So etwas kommt auch im Büroalltag immer wieder vor. Als beispielsweise der neue Buchhalter, Herr Jung, im Wochenmeeting seine 27-seitige Folienpräsentation been-det und das Sitzungszimmer wieder verlässt, platzt es aus Abteilungsleiter Kotz heraus: „Jung, in Banken trägt man übrigens langärmlige Hemden und richtige Krawatten, nicht solche lächerlichen dünnen Lederbändchen!" Und die Sekretärin, Frau Spitz, die das Protokoll führt, ruft ihm nach: „Und bei PowerPoint-Präsentationen macht man übrigens höchstens sieben Zeilen pro Folie!"

Irgendwie erinnert das an die Kindheit: „Mama, schau mal, was der Mann für einen krummen Rücken hat! – Sei still, so was sagt man nicht!"

Nicht nur Sittenapostel machen ihrem Gegenüber mit dem Wörtchen „man" gnadenlos klar, was man tut und was nicht. Bei genauerer Beobachtung wird deutlich, wie oft dieses Wort im täglichen Leben als manchmal vielleicht unbewusste, aber höchst effektive Moralkeule eingesetzt wird. Das kleine aber machtvolle Wörtchen „man" erlaubt es, etwas so darzustellen, als hätte „man" geradezu die Pflicht, sich dafür einzusetzen. Der oder die unbekannte „Man" verkörpert hier die unsichtbare und doch anwesende Instanz sowohl der Allgemeinheit als auch generell der Moral und Sitte. Genau dieses Phänomen beschrieb bereits 1927 der Philosoph Martin Heidegger in seinem Hauptwerk „Sein und Zeit". Das Moralisieren belegt Worte geradezu mit einer magischen Kraft und wird meist auch durch die Körpersprache untermalt, zum Beispiel durch Stirnrunzeln oder entsetzten Gesichtsausdruck.

Der Nutzer von „Man"-Botschaften verschafft sich als offizieller Vertreter der Moral eine Aufwertung. Allerdings geschieht dies meist auf Kosten einer anderen Person, die er nämlich dadurch abwertet. Er zieht sich aus „Du bist nicht o.k."-Gefühlen, die er anderen vermittelt, seine eigene Energie und produziert damit „o.k.-Gefühle" für sich selbst. Diese spontanen Gefühle können kurzfristig sicherlich richtig berauschend sein, führen allerdings eher zu einem Suchtverhalten, weil die Energiezufuhr ständig erneuert werden muss. Dazu bedarf es jedoch jedes Mal eines Opfers. Und genau hier steckt die Krux, sozusagen die andere Seite der Medaille: Denn sobald ein Opfer sich aus diesem Zustand wieder befreit hat, wird es zum Gegenschlag mit der Moralkeule ausholen. Die Kriegserklärung ist angekommen und angenommen: „Auch du bist nicht o.k.!" Die daraus entstehenden Konflikte können so zu einem hochdestruktiven Beziehungsablauf führen, wie im folgenden Kapitel „Auge um Auge" beschrieben wird.

Und trotzdem zieht es uns immer wieder – fast magisch – in das „Man"-Spielchen hinein. Die Frage ist nur: Warum?

Psychologische Spiele

Das Verlieren und Gewinnen durch gegenseitiges Abwerten gleicht einem Spiel. Einer greift mit der Moralkeule an, beim Gegenschlag wechselt das Opfer in die Rolle des Angreifers und so weiter. Um solche psychologischen Spielzüge besser

zu verstehen, hat der amerikanische Wissenschaftler Eric
Berne (Buchtipp: „Spiele der Erwachsenen") ein hilfreiches
Modell geschaffen, die Transaktionsanalyse (TA):

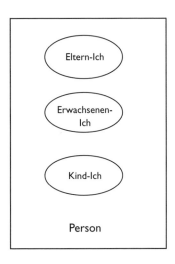

Das TA-Modell geht davon aus, dass Menschen sich ständig
in einer von drei Rollen („Ich-Zuständen") befinden: In
Situationen, in denen ich so denke, mich fühle und auch
verhalte, wie ich es bei meinen Eltern abgeschaut hatte,
agiere ich aus dem „Eltern-Ich" heraus. Und in Momenten,
in denen ich so fühle, denke und handle, wie ich es als kleines Kind getan habe, bin ich in meinem „Kind-Ich". Wenn
ich auf die gegenwärtige Situation angemessen und selbst-
bestimmt reagiere, befinde ich mich im „Erwachsenen-Ich".
Dabei nutze ich in meinem Verhalten, Denken und Fühlen
alle Möglichkeiten, die mir als Erwachsener zur Verfügung
stehen.

Der jeweilige Ich-Zustand, in dem ein Mensch sich gerade befindet, ist übrigens in der Regel von außen klar erkennbar. In der Erläuterung der körperlichen Indizien für das Eltern-Ich im Buch „Ich bin ok. – Du bist o.k." von Thomas A. Harris erkennen wir beispielsweise unsere Protagonisten vom Galadiner oder vom Abteilungsmeeting wieder: mit „ausgestrecktem Zeigefinger, gerunzelten Brauen, Stirnfalten, ‚entsetztem' Augenaufschlag …"; typischer Körpersprache eben, die viele von ihren eigenen Eltern kennen.

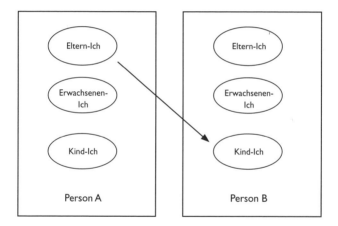

Das jeweilige Verhalten von Gesprächspartnern hängt davon ab, aus welchem „Ich-Zustand" ihres Gegenübers sie angesprochen werden: Derjenige, der sein Gegenüber aus dem „Eltern-Ich" heraus anspricht, drängt diesen in der Regel quasi von oben herab in sein „Kind-Ich" hinein, aus dem dieser dann zwangsläufig auch entsprechend reagieren wird.

Nun aber zurück zu unserem Galadiner. Was genau geschieht in unserem Beispiel? Der vornehme Herr, der die Dame aufklärt, dass „man" das Buttermesser auf das Tellerchen zu legen habe, stellt sich durch die „Man"-Formulierung auf das Niveau der Moral. Der Abteilungsleiter und die Sekretärin im Wochenmeeting verhalten sich ebenso. Allesamt machen sie sich durch ihre verallgemeinernde „Man"-Ausdrucksweise zu Vertretern von Recht und Ordnung und agieren damit ganz typisch aus ihrem „Eltern-Ich" heraus. Damit erheben sie sich – unbewusst und für viele unsichtbar – über ihre Gesprächspartner und bedeuten ihnen wie einem Kind, dass sie sich regelwidrig verhalten haben. Unausgesprochen, versteckt zwischen den Zeilen, übermitteln sie ganz deutlich die Botschaft „Ich weiß es besser", das heißt „Ich bin o.k. und du bist nicht o.k."

In „Man"-Botschaften steckt Sprengstoff

Wie sieht das Erlebte nun wohl aus der Perspektive unserer jungen Dame beim Galadiner oder des kritisierten Sachbearbeiters Jung aus? Wie mögen sie sich fühlen? Natürlich ist bei ihnen die Botschaft „du bist nicht o.k." mit Wucht angekommen. Jetzt läuft ganz automatisch das innere Programm – der altbekannte Abwehrmechanismus – des Gescholtenwerdens aus der Kindheit ab. Sie finden sich damit plötzlich, aber ganz unbewusst in ihrem „Kind-Ich" wieder. Deshalb greifen sie nahezu automatisch zu den Verhaltensweisen, die sie sich als Kind für solche Situationen angeeignet haben. Entweder wehren sie sich wie ein rebellisches

Kind und zeigen dem Kritiker nach dem Motto „Ätsch, blöder Kerl" die lange Nase. Dies tun sie natürlich ganz subtil, indem sie beispielsweise gepflegt antworten: „Ich wusste gar nicht, dass wir hier so kleinlich aufeinander aufpassen wollen. In der Regel benehme ich mich so, wie ich es für richtig halte." Oder sie ziehen den Kopf ein, wie sie dies als „angepasstes" Kind gelernt haben, schmollen und entgegnen vielleicht etwas unterwürfig: „Entschuldigung, Frau Spitz, ich werde das bei meiner nächsten Präsentation beherzigen." Oder sie antworten selber direkt aus dem eigenen „Eltern-Ich" heraus – etwa mit der Äußerung „Was fällt Ihnen ein, mich vor allen Leuten so bloßzustellen (Das macht „man" nämlich nicht! Du bist nicht o.k., aber ich bin o.k.)!". Damit ist es ihnen – zumindest für die kurze Zeit bis zum nächsten Gegenschlag ihres Kritikers – gelungen, sich auf die gleiche Ebene der Moral hinauf zuschwingen und sich o.k. zu fühlen. Fortsetzung folgt ...

Alternative: Sich ins „Erwachsenen-Ich" versetzen

Unter dem Blickwinkel der dargestellten Transaktionsanalyse wird sehr schnell deutlich, dass weder das Agieren aus dem „Eltern-Ich" heraus noch das Reagieren aus dem „Kind-Ich", unser „Ich bin o.k.-Gefühl" dauerhaft unterstützen kann. Ein o.k.-Gefühl aus zwischenmenschlichen Beziehungen dauerhaft zu beziehen, funktioniert nur, wenn es gelingt, positive Gefühle aus dem „Erwachsenen-Ich" heraus zu erzeugen! Damit wird nämlich gleichzeitig ein „Du bist o.k.-Gefühl" auf das Gegenüber zurückgeworfen.

Von diesem Zustand aus finden wir nicht nur mit uns selbst den besten Einklang, sondern können auch den anderen so sein lassen, wie er ist.

So betrachtet, ist nur die Kommunikation aus dem Erwachsenenzustand heraus ein fruchtbarer Boden für tragfähige, befriedigende Beziehungen und zugleich auch die Basis für die Entwicklung eines stabilen Selbstwertgefühles.

Woran erkennen Sie das „Erwachsenen-Ich"?

Die hinter dem „Erwachsenen-Ich" stehende Haltung, „Ich bin o.k. – Du bist o.k.", kann sowohl an einer offenen, dem Gesprächspartner zugewandten Art, als auch an typischen sprachlichen Merkmalen erkannt werden. Diese bestehen aus offenen Fragen, also den fünf W-Fragen – Was? Wo? Wie? Wer? und Warum? – sowie aus nicht verallgemeinernden Redewendungen, wie „ich denke", „aus meiner Sicht", „wahrscheinlich", „verhältnismäßig" und dergleichen. Die kritisierende „Man"-Botschaft gehört hier ganz sicher nicht dazu. Aus dem „Erwachsenen-Ich" gelingt es zwar, etwas als eigene Meinung kundzutun, diese jedoch nicht als unumstößliche Tatsache darzustellen. Somit erhebt man sich selbst nicht zur Moralinstanz, sondern spricht sein Gegenüber wertschätzend auf der gleichen Ebene an.

Zurück zu unserer eingangs erzählten Begebenheit: Wie könnte eine mögliche Reaktion unserer bloßgestellten Dame aus dem „Erwachsenen-Ich" heraus aussehen? Sie hät-

te beispielsweise ganz gelassen den Vorfall als Gelegenheit
aufgreifen können, ein Gespräch darüber zu beginnen, wie sinnvoll eigentlich solche Benimmregeln sind. Damit hätte sie ihrem Kritiker den Wind aus den Segeln genommen und ihn wertschätzend auf der Erwachsenenebene angesprochen. Gleichzeitig hätte sie wohl auch den Respekt der Tischnachbarn angesichts dieses erwachsenen Verhaltens geerntet.

Und wie hätte der Tischnachbar seine Botschaft bereits aus dem „Erwachsenen-Ich" heraus anbringen und damit vermeiden können, dass sich die junge Dame bloßgestellt fühlt? Möglicherweise befürchtet er, dass die guten alten Knigge-Regeln immer mehr in Vergessenheit geraten, und könnte dies so ansprechen: „Verstehen Sie mich bitte nicht falsch, aber ich habe eine Vorliebe für die alten Benimmregeln und dazu gehört, das Messer zurück auf den Teller zu legen. Ich muss allerdings zugeben, dass manche Regel einem das Leben wirklich schwer machen kann. Wussten Sie zum Beispiel, dass Salat nicht geschnitten und nur mit der Gabel gegessen werden darf? Oder die Etikette für uns Herren: Keine braunen Schuhe nach 18 Uhr?" Mit solch abstrusen Regeln der Etikette, über die auch gelacht werden kann, könnte unser vornehmer Tischnachbar die Situation wieder auflockern und in ein allgemeines Gespräch überleiten. Im Laufe der Diskussion würde sicherlich allen am Tisch Sitzenden klar, dass dieser Mann die Knigge-Regeln wirklich kennt und der jungen Frau keineswegs etwas Böses wollte.

Auch dem Abteilungsleiter und dessen Sekretärin stehen alternative Möglichkeiten zur Verfügung, wie die gewünschte Botschaft „an den Mann gebracht" werden kann: „Herr Jung, Sie wissen ja, wie konservativ wir in unserem Bankhaus sind. Dies machen wir auch an der Kleidung fest, die – so gebe ich zu – aus Sicht der jungen Generation vielleicht ein Quäntchen zu altmodisch erscheinen mag. Ich möchte Sie dennoch bitten, sich in Zukunft dem Kleidungsstil der Firma anzupassen. Ich sage Ihnen das ganz wertungsfrei – mit der Intention, dass Sie nicht einmal unvorbereitet mit einem Vorstand zusammenstoßen, der Ihnen dann einen Vorwurf macht, unpassend gekleidet zu sein."

Und die Sekretärin, Frau Spitz: „Herr Jung, eine wirklich gelungene Präsentation – Gratuliere! Lediglich mit dem Lesen hatte ich ab und zu Probleme, weil viel Text auf den Folien war. Mir haben die PowerPoint-Gurus vor Jahren mal empfohlen, höchstens sieben Zeilen pro Seite zu bringen. Wie sehen Sie das?"

Resultat: „Du bist o.k. – ich auch".

Und zu guter Letzt: Jung selbst, von Herrn Kotz und Frau Spitz zwar aus der Elternposition abwertend angesprochen, ist es natürlich unbenommen, trotzdem nicht aus seinem „Kind-Ich", sondern aus dem „Erwachsenen-Ich" zu antworten: „Danke für den Tipp. Weil ich erst seit wenigen Tagen in diesem Haus arbeite, bin ich froh über Ihr offenes Feedback." Damit ist er gar nicht auf den Ton und die Art der Ansprache eingegangen, hat gleichzeitig jedoch mit seiner Wortwahl den Grundstein dafür gelegt, dass auch Herr Kotz und Frau Spitz ihr nächstes Feedback sicherlich wertschätzender anbringen werden. „Ihr seid o.k. – ich auch".

Dies sind nur einige Beispiele, wie Sie in vergleichbaren Situationen aus dem „Erwachsenen-Ich" reagieren können und Ihnen so vielleicht die Wendung zu einer konstruktiven Gesprächsatmosphäre gelingt.

Wie kann dies im täglichen Berufs- und Privatleben umgesetzt werden?

Die gute Nachricht ist: Sie können Ich-Zustände jederzeit verändern! Dies erfordert zunächst ein Bewusstsein der verschiedenen Ich-Zustände ebenso wie ein gewisses Maß an Selbstreflexion, welches es uns ermöglicht, sozusagen von außen zu beobachten, in welchem Zustand wir uns gerade befinden. Nur von dort aus können wir den Entschluss fassen, unseren Ich-Zustand vom „Eltern-" oder „Kind-" zum „Erwachsenen-Ich" zu wechseln.

Der erste Schritt ist also *Selbsterkenntnis:* Nehmen Sie ganz bewusst das eigene Kommunikationsverhalten unter die Lupe. Machen Sie es sich zur Gewohnheit, ab und zu einen Schritt neben sich zu treten, um private oder berufliche Alltagssituationen mit Blick auf die drei Ich-Zustände zu analysieren! Vielleicht fangen Sie einfach einmal an, in der nächsten Zeit jedes anstrengende Gespräch mit etwas

Abstand zu reflektieren und sich beispielsweise zu fragen: Aus welcher Ich-Position heraus habe ich denn die Kollegin heute angesprochen? Aus welchem Ich-Zustand heraus spreche ich meine Mitarbeiter normalerweise an? Erkenne ich vielleicht einen Ich-Zustand von mir als besonders stark? Wo könnte es nützlich für mich sein, wenn ich lerne, mir meines Ich-Zustands bewusst zu werden – und ihn gegebenenfalls zu wechseln?

So können Sie nämlich wunderbar auf eingefahrene Kommunikationsmuster stoßen. Wenn Sie sich als Chef beispielsweise dabei erwischen, wie häufig Sie Ihre Mitarbeiter aus dem „Eltern-Ich" heraus zurechtweisen oder schelten, dann kann dies schon der erste Schritt zu einer Veränderung sein.

Die Ich-Zustände nehmen wir meist unbewusst ein, ohne darüber nachzudenken. Das ist ganz normal. Wenn sie jedoch zu dauerhaften Konflikten oder Missverständnissen führen, ist es sinnvoll, sie bewusst zu verlassen. Dies erfordert allerdings eine Selbstreflexion, die – um nicht dem Automatismus der Ich-Zustände zu unterliegen – regelrecht geübt werden muss.

Wem es allerdings – ohne Rücksicht auf Verluste – darauf ankommt, sich selbst zulasten anderer in ein besseres Licht zu rücken und zu profilieren, dem sei natürlich weiterhin die „Man-Botschaft" als beziehungszertrümmernde Moralkeule empfohlen.

Essenz

- Das Wörtchen „man" wird in Auseinandersetzungen gerne zu Hilfe genommen, um damit der eigenen Aussage mehr Autorität zu verleihen. „Man"-Aussagen erfolgen in der Regel direkt aus dem „Eltern-Ich" heraus.

- Der Einsatz dieser Moralkeule wertet den anderen jedoch ab. Damit wird bei diesem das Gefühl ausgelöst, seine Überzeugung oder er selbst sei nicht o.k.

- Das Gegenüber ist verunsichert und reagiert (aus seinem „Kind-Ich" heraus) entweder aggressiv oder angepasst. Der Konflikt ist damit eröffnet und eine konstruktive Kommunikation enorm erschwert.

- Wer bewusst auf das Wörtchen „man" verzichtet, macht sich und anderen das Leben nicht unnötig schwer.

- Wesentlich wirkungsvoller als „Man"-Botschaften ist die Ansprache aus dem „Erwachsenen-Ich" heraus. Werfen Sie deshalb im privaten und beruflichen Alltag Ihren Blick immer wieder auf die drei Ich-Zustände. Nur so gelingt es, bewusst ins „Erwachsenen-Ich" zu schlüpfen.

„Auge um Auge, Zahn um Zahn"

Der Genuss, als Märtyrer unterzugehen

Es war einmal der Traum vom eigenen Haus, der in Erfüllung ging und zum Albtraum durch den Nachbarn wurde: Denn der Baum auf der Grenze nimmt dem Reihenhausbesitzer Wüthrich die Sonne, worauf er auf Schneiden oder Fällen pocht. Es kommt zum Streit, weil sich der Nachbar, Palmer, weigert seinen Baum zu stutzen. Daraufhin greift der Bewohner auf der Schattenseite, Wüthrich, selbst zum Beil und fällt den Baum. Palmer rächt sich und setzt einen riesigen Bambusbaum, der sofort in alle Richtungen wuchert und auch noch im Rasen unseres Hausbesitzers Wüthrich austreibt. Beide Gärten stehen jetzt im Schatten. Ein Schlag folgt dem nächsten. Das Resultat am Ende der Geschichte: Eine Betonmauer trennt unsere Nachbarn nicht nur voneinander, sondern beide auch von der Sonne und vom Blick auf den Taunus.

Oder ein Albtraum im Büro: Kollegin Zart friert, denn das Fenster ihres Büronachbarn Grob ist offen. Zart bittet Grob, dieses zu schließen. Der jedoch weigert sich, weil er bereits schwitzt. Daraufhin stellt Zart die Heizung „auf volle Pulle". Grob reißt nun auch noch das Fenster von Frau Zart auf. Der dadurch entstehende Durchzug wirbelt alle Akten auf Zarts Schreibtisch durcheinander. Diese springt erzürnt auf, um das Fenster wieder zu schließen, rempelt dabei „aus Versehen" an den Schreibtisch von Grob, und die Karaffe mit Orangensaft ergießt sich über dessen Dokumente. Ab diesem Moment reden die beiden nicht mehr miteinander, sondern versuchen, den verhassten Bürogenossen hinter dessen Rücken zu schädigen, wo es nur geht.

Nicht nur bei Nachbarschaftsstreitereien, Arbeit, Sport und Spiel, sondern auch in der Politik, scheinen sich viele Konfliktparteien an die alte biblische Weisheit „Auge um Auge, Zahn um Zahn" zu erinnern. Verfolgt man allabendlich die Nachrichtensendungen, kann man beobachten, wie oft und hartnäckig diese altorientalische Regel insbesondere im Nahen Osten, in dem man ihre Herkunft vermutet, eingesetzt wird: Dem Vernichtungsschlag folgt der Vergeltungsschlag und diesem wieder ein Gegenschlag … Besser als Mahatma Gandhi kann man die fatalen Auswirkungen kaum formulieren: *„Auge um Auge – und die ganze Welt wird blind sein!"*

Trotzdem wird dieses Muster seit Jahrtausenden betrieben! – Nur, was steckt dahinter?

Die „Auge-um-Auge-Regel" ist wie ein immer schneller werdendes Schaukelspiel, zu dem beide Streitenden jeweils abwechselnd beitragen. Solche sich hochschaukelnden Konfliktverläufe hat der bekannte Friedensforscher und Konfliktberater Friedrich Glasl analysiert (Buchempfehlung: Glasl: „Konfliktmanagement – Ein Handbuch für Führungskräfte, Beraterinnen und Berater"). Dabei hat er herausgefunden, dass bei eskalierenden Streitigkeiten immer wieder die gleichen, typischen Verhaltensweisen festzustellen sind, die in einer vorhersehbaren Reihenfolge auftreten und zwar bei unterschiedlichsten Konflikten: Scheidungen, Auseinandersetzungen zwischen Kollegen, Nachbarn, Schülern oder auch bei zwischenstaatlichen Kontroversen. Darüber hinaus stellte er fest, dass im Laufe eines Streits die Emotionen immer stärker Besitz von den Streitenden ergreifen, bis es am Schluss nicht mehr um die Sache, sondern nur noch um die Vernichtung des Gegners geht.

Die von Glasl beschriebene Abwärtsspirale in den Abgrund kann in etwa wie folgt ablaufen:

Worten folgen Taten

Der Streit fängt ganz harmlos durch die Verhärtung von Standpunkten an. Dies erscheint zunächst so alltäglich, dass die Situation noch gar nicht als Konflikt wahrgenommen wird. Beide Parteien empfinden ihre Interessen zunehmend als konkurrierend. Die Auseinandersetzung verschärft sich, wird polemisch und verletzend. Argwohn und Misstrauen nehmen zu, und aus Angst, sich in die Karten schauen zu lassen, taktiert jeder nur noch hinter vorgehaltener Hand. Je frustrierter die Beteiligten sich fühlen, desto stärker wird ihre Überzeugung, dass Reden nicht mehr hilft. Also folgen den Worten Taten, man schafft vollendete Tatsachen: Wüthrich greift zum Beil und hackt den Baum selbst ab, Palmer setzt den wuchernden Bambus. Im Büro dreht Frau Zart die Heizung voll auf und Herr Grob öffnet auch noch das zweite Fenster. Dies markiert den endgültigen Übergang in einen nur noch schwer aufzuhaltenden Machtkampf.

Verbündete, Gesichtsverlust und Drohungen

Im weiteren Verlauf der Eskalation geht es nun nicht mehr um die Sache, sondern darum, den Konflikt zu gewinnen, damit der Gegner verliert. Bisher unbeteiligte Personen werden in die Auseinandersetzung hineingezogen: Man sucht sich Verbündete, im Falle von Herrn Grob und Frau Zart beispielsweise andere Kollegen. Die Gegenpartei wird zum Feindbild erklärt und denunziert. Öffentliche Angriffe und Unterstellungen, wie etwa offene Lästereien in der Kaffeeküche sowie Anschwärzen beim Chef und allen Büronachbarn sind typische Zeichen dieser Phase. Jetzt geht es um den Kampf des „Guten" gegen das „Böse". Die Konfliktparteien versuchen, den Gegner mit Drohungen und Ultimaten unter Druck zu setzen: Die Kollegin droht, die Bilanzzahlen nicht zu liefern, damit Grob den Monatsabschluss nicht rechtzeitig fertig bekommt. Oder der Nachbar droht im Streit um den Baum, eine Betonmauer an die Grenze zu bauen. An diesem Punkt können die Streitenden meist nicht mehr aus eigener Kraft zurück, ohne „das Gesicht zu verlieren". Ein tragischer Meilenstein!

Vernichtung des Gegners

Nun kommt man dem bitteren Ende näher: Der Gegner wird nicht mehr als Mensch wahrgenommen. Immer brutalere Vernichtungsschläge sollen ihn kampfunfähig machen. Selbst ein relativ geringer eigener Schaden wird als Gewinn gewertet, wenn nur der Schaden des Gegners dafür noch größer ist. Ab hier kalkuliert man die eigene Vernichtung mit ein, um den Gegner zu besiegen: Frau Zart riskiert die eigene Kündigung, Hauptsache Grob bekommt richtig Ärger vom Chef.

Oft steigert man sich dabei dermaßen in Rachegefühle hinein, dass man sich zu „Kindertrotz-Spielchen" verleiten lässt, die Erwachsenen gar nicht würdig scheinen, wie in der Geschichte vom Zauberzwerg (aus dem Buch „Wahrscheinlich hat diese Geschichte gar nichts mit Ihnen zu tun..." von Ed Watzke):

Eine Frau gerät in einen magischen Wald. Sie vernimmt zorniges Schreien und Wehklagen, trifft auf einen Zwerg. Den Bart in einem Baumstrunk eingeklemmt, kann er sich nicht aus eigener Kraft befreien. Die Frau erlöst ihn aus dieser Zwangslage. Der Zwerg bedankt sich und gibt sich als Zauberzwerg zu erkennen. Die Frau hat nun einen Wunsch frei und wünscht sich 10 Millionen Euro auf ihr Konto. „Geht in Ordnung" sagt der Zwerg, „bekommst Du, allerdings vergaß ich Dir eingangs zu sagen: die Erfüllung deines Wunsches ist an die Bedingung geknüpft, dass dein Ex-Mann jeweils das Doppelte bekommt. Die Frau geht in sich, denkt nach, dann meint sie zum Zwerg: „Ja wenn das so ist, dann wünsche ich mir, auf einem Auge blind zu sein!"

Aua – das tut weh! Man könnte lachen, wenn es nicht so traurig wäre. Aber so etwas ist Realität! Da fragt man sich manchmal, ob wir Menschen eigentlich noch ganz bei Sinnen sind!

Sie denken, das sei übertrieben? Da müssen wir Sie enttäuschen. Solche Geschichten spielen sich tatsächlich im „wahren Leben" ab, zum Beispiel wenn der Ex-Ehemann seinen Arbeitsplatz kündigt, nur damit er kein Einkommen mehr hat und den als zu hoch empfundenen Unterhalt nicht zahlen muss. Oder wenn der Chef seinen Mitarbeiter wegen eines heftigen Streits rausschmeißt, obwohl er diesen Spezialisten dringend noch bräuchte und der Markt für Ingenieure völlig leergefegt ist. Die eigene Schädigung nehmen auch Geschäftspartner in Kauf, die ihren Streit bis zur letzten Instanz vor Gericht ausfechten, obwohl das Gerichtsverfahren letztendlich teurer ist, als der Streitwert selbst. Oder Nachbarn, die sich in einen Kleinkrieg verwickelt haben, wie unsere Hausbesitzer Wüthrich und Palmer, nehmen es hin, ihr eigenes Zuhause nicht mehr genießen zu können, Hauptsache, der andere ist noch übler dran.

Auch im Film „Rosen-Krieg" mit Kathleen Turner und Michael Douglas ist die Abwärtsspirale beeindruckend dargestellt: Am Ende liegt das Paar sterbend in der Eingangshalle seines Hauses, nachdem es im vorausgegangenen Kampf im Treppenhaus mit dem Kronleuchter abgestürzt ist. Noch im Moment des Todes stößt sie die ausgestreckte Hand ihres Mannes von sich.

Mit immer enger geschnallten Scheuklappen ziehen Streithähne blindlings in den Kampf, selbst wenn sie dabei
krank werden. Dazu ein tragisches Beispiel aus einem Chat-
Forum: *„Ich sollte wegziehen, dann hätten sie ihr Ziel erreicht
– weggemobbt! Aber andererseits gönne ich denen diesen Erfolg
nicht. Nur gesundheitlich ist es sehr belastend…"*

Welches Bedürfnis wird befriedigt?

Was ist eigentlich der Auslöser für ein solches letztendlich
selbstvernichtendes Verhaltensmuster? Irgendein Bedürfnis
der so heftig Streitenden muss dadurch befriedigt werden,
sonst würden sie es nicht tun. Fragt man Menschen in eskalierenden Konfliktsituationen nach dem Grund, warum sie
nicht einfach „aussteigen", kommt häufig die Antwort: „So
ein Verhalten (des Gegners) oder solch eine Ungerechtigkeit
darf man doch nicht dulden, sonst erteilt man diesen Leuten
einen Freibrief…" Es geht also oft darum, Ungerechtigkeit
zu bekämpfen und die Welt vor weiterem Schaden zu be-
wahren.

Doch gibt es *die* Ungerechtigkeit überhaupt, gegen die man
sich so vehement wehrt?

Die Illusion der Ungerechtigkeit

Das Gefühl von Ungerechtigkeit entsteht eigentlich nicht
durch Handlungen von anderen, sondern wird tief in uns
selbst, durch unser eigenes inneres Programm ausgelöst.

Genauer gesagt: Die Handlungen anderer Menschen stehen für sich selbst und sind – so gesehen – neutral. Wir reagieren allerdings auf diese Handlungen ganz unterschiedlich, jeweils entsprechend unserer individuellen Erfahrungen und Denkmuster. Dasselbe Verhalten, das den einen Menschen unheimlich stört, wie beispielsweise Unpünktlichkeit, berührt einen anderen überhaupt nicht. Außerdem bewerten wir die Handlungsweise einer guten Freundin sicherlich völlig anders als bei einem Kollegen, den wir kaum kennen oder nicht mögen. Aus dieser Perspektive betrachtet, gibt es „Gerechtigkeit" respektive „Ungerechtigkeit" nicht wirklich. Es handelt sich hier um individuelle Betrachtungen „durch die eigene Brille", die ein Ungerechtigkeitsgefühl auslösen. So mag ein Fluglotsenstreik aus Sicht der Lotsen absolut *gerecht*fertigt, jedoch aus der Warte der am Flughafen feststeckenden Passagiere völlig *ungerecht*fertigt sein. Und gibt es keine objektive Gerechtigkeit, so kann es keinen Anspruch darauf geben. Dieser Gedanke muss wohl auch den weisen Richter aus folgender Geschichte bei seiner Urteilsfindung geleitet haben:

Eine Frau kam sehr erregt zum Ghazi, zum Bezirksrichter, und beklagte sich, dass ein fremder Mann sie mit Gewalt küssen wollte. Die Frau rief: „Ich verlange von Ihnen Gerechtigkeit. Ich komme nicht zur Ruhe, bis Sie den Übeltäter bestraft haben. Das verlange ich von Ihnen, das ist mein Recht." Dabei stampfte sie temperamentvoll mit ihrem kleinen Fuß auf und blitzte den Richter zornig an. Dieser war ein weiser Mann. Er überlegte lange und sprach dann den Richterspruch: „Man hat dich ungerecht behandelt. Du

solltest also Gerechtigkeit erfahren. Der Mann hat dich gewaltsam
und ohne deinen Willen geküsst. Damit Gerechtigkeit herrscht,
lautet mein Richterspruch: Du sollst ihn auch mit Gewalt und
gegen seinen Willen küssen." An den Gerichtsdiener gewandt, be-
fahl er, den Mann herbeizuholen, damit er seine Strafe empfange.
(Buchtipp „Der Kaufmann und der Papagei – Orientalische
Geschichten in der Positiven Psychotherapie – Nossrat Pe-
seschkian).

Wie paradox das in den Worten „Wie du mir, so ich dir!"
oder „Auge um Auge" steckende Gerechtigkeitstrachten
doch sein kann!

Die Erkenntnis, dass es keine objektive Gerechtigkeit gibt,
heißt natürlich nicht, dass wir uns für das, was wir subjektiv
für gerecht halten, nicht einsetzen sollen, notfalls – friedlich – dafür auch kämpfen. Entscheidend ist, dass wir die
Person, von der wir uns ungerecht behandelt fühlen, nicht
degradieren oder verachten, sondern eben als Mensch mit
einem anderen subjektiven Gerechtigkeitsempfinden wert-
schätzen. Genau dies fehlt aber bei den meisten Streiteska-
lationen: Der andere wird als Mensch nicht mehr geachtet
und wahrgenommen. Frau Zart sieht in ihrem Kollegen
nur noch einen Feind, an dem sie sich rächen will. Der mit
hohen Unterhaltszahlungen „geschlagene" Exmann sieht
seine ehemalige Frau nur noch als Bedrohung. In seiner
Vorstellung „entmenschlicht" er sie.

Gerechtigkeitstrachten in allen Ehren, aber wir dürfen dabei nicht den Menschen aus den Augen verlieren! So wie Mahatma Gandhi, der friedlich, aber doch machtvoll, für seine Gerechtigkeitsvorstellungen gekämpft hat, ohne jedoch jemals die Wertschätzung gegenüber Andersdenkenden zu verlieren.

Was können wir also tun, wenn wir uns ungerecht behandelt fühlen?

Jammern oder zurückschlagen hilft also nicht wirklich weiter, eher ein Blick darauf, welches individuelle Programm bei uns selbst angesprochen wurde, wenn wir uns ungerecht behandelt fühlen: Was verbinden wir mit dem Ungerechtigkeitsgefühl? Welcher uns wichtige Wert wurde verletzt? Möglicherweise fühlen wir uns nicht genug wertgeschätzt oder sogar missachtet, vermissen also Respekt, Wohlwollen und Anerkennung.

Vermutlich fehlte es auch Grob an Wertschätzung, nachdem seine Kollegin sein Bedürfnis nach Frischluft einfach ignoriert hatte, und diese Missachtung hat wiederum einen sehr empfindlichen Nerv bei ihm getroffen. Doch statt einfach auch noch das zweite Fenster aufzureißen, hätte er Frau Zart sein Gefühl auf friedvolle Weise mitteilen können.

Schauen wir doch auch noch einmal auf den oben schon erwähnten, zum Unterhalt verpflichteten Ehemann, der in seiner Wut sogar seine Arbeitsstelle kündigt, um gar nicht mehr zahlen zu müssen. Im Gegensatz zu seiner Frau, hat er vermutlich das Gefühl, dass für ihn viel zu wenig übrig bleibt, obwohl er von früh bis spät schuftet – und dass sie sich mit seinem hart erarbeiteten Geld auf die faule Haut legen kann. Sein Ungerechtigkeitsgefühl basiert dann darauf, dass sein Schuften bei weitem nicht genügend gewürdigt wird. Es könnte ihm also um Anerkennung gehen, die er vermisst. Statt resigniert die Arbeitsstelle zu kündigen, sollte er eher versuchen, genau dieses Bedürfnis seiner Exfrau nahezubringen. Er könnte ihr beispielsweise signalisieren, dass er ihr Anliegen, einigermaßen gut zu leben, durchaus anerkennt, sich aber auch wünscht, dass sie honoriert, wie viel er mit seiner harten Arbeit nach wie vor für seine Familie tut, und akzeptiert, dass er sich, bei all seiner Schufterei, wenigstens ab und zu auch etwas leisten möchte.

Wie im Hamsterrad

Betrachten wir Eskalationen, wie eingangs beschrieben, scheinen die Beteiligten schlicht und einfach den Ausstieg aus dem zerstörerischen Szenario nicht mehr zu finden. Wie Hamster im Hamsterrad strampeln sie sich in einer immer auswegloser werdenden Konfliktsituation ab. Sie sind so beschäftigt mit ihren eigenen inneren Bildern, dass sie die Außenwelt und mögliche Alternativen gar nicht mehr wahrnehmen. Sie rennen und rennen, bis sie entweder aus dem Hamsterrad herauskatapultiert werden oder erschöpft zusammenbrechen. Auch unsere „Hauptdarsteller" des Nachbarstreits landen letztendlich in einer Situation, die sie sich vorher wahrscheinlich in ihren schlimmsten Träumen nicht ausgemalt hatten. Die Hamster sind da hingegen etwas cleverer und steigen einfach rechtzeitig aus.

Wo steigt man aus?

Eins ist klar: Je früher der Ausstieg aus der Abwärtsspirale erfolgt, desto einfacher und besser gelingt er.

Am leichtesten steigt man natürlich noch aus, bevor den Worten Taten gefolgt sind. Hier lässt sich noch ohne Hilfe Dritter eine kooperative Einigung finden. Ohne das jeweilige Beharren auf das eigene Gerechtigkeitsbild hätte sich auch die Auseinandersetzung zwischen den beiden Reihenhausnachbarn gerade in diesem frühen Stadium des Streits noch ganz anders entwickeln können. Die ganze Energie, welche die beiden in ihre persönlichen Feldzüge steckten, hätte beispielsweise in eine gemeinsame kreative Gartengestaltung fließen können.

Deutlich schwieriger wird es mit dem Ausstieg jedoch, wenn der erste schon zum Beil gegriffen hat: Jetzt ist eine Schieflage entstanden, die nach Ausgleich schreit: Der wuchernde Bambus kommt ins Spiel. Spätestens jetzt ist keiner mehr bereit nachzugeben, weshalb ein Näherkommen praktisch nur noch durch die Vermittlung eines unbeteiligten Dritten erfolgen kann. Einen Mediator zu diesem Zeitpunkt auch wirklich einzuschalten, ist hier die große Chance, sich aus dem verhängnisvollen Prozess zu verabschieden. So könnte

es den Kontrahenten in unserem Nachbarschaftsstreit gelingen, sich im geschützten Raum, unter der sorgsamen
Anleitung des Vermittlers, wieder anzunähern.

Wurde auch dies versäumt, geht es schnurstracks in die fa-
talste Etappe, wo bereits der Abgrund „winkt". Ein Krieg
tobt, gemeinsame Interessen sind jetzt überhaupt nicht
mehr erwünscht. Den Streitenden widerstrebt deshalb auch
der Gang zu einem Mediator zutiefst, obgleich dieser auch
in der jetzigen Phase noch die Chance hätte, die Situation
zu retten. Entsprechend schwer ist in der Endphase der Eskalation auch der Ausstieg. Lassen Sie es deshalb am besten
erst gar nicht so weit kommen!

Doch wie gelingt es auszusteigen?

Die erste Voraussetzung ist die eigene Einsicht in das, was
hier überhaupt passiert, und zu welch fatalen Folgen die un-
gebremste Fortsetzung der Eskalation führen kann. Versuchen Sie, etwas Abstand zu gewinnen und zunächst für sich
selbst herauszufinden, in welcher Stufe der Eskalation sich
Ihr Konflikt befindet. Machen Sie sich also zunächst ein Bild
von der Lage! Bei der Überlegung, ob Sie sich Hilfe eines
neutralen Dritten holen wollen, sollten Sie berücksichtigen,
wie weit der Konflikt schon fortgeschritten ist und ob Sie
bei Ihrem Kontrahenten noch mit einer gewissen Bereitschaft zur gütlichen Einigung rechnen können. Versuchen
Sie auch einzuschätzen, wie schnell Sie bei weiterhin unko-
operativem Verhalten des anderen wieder „kippen". Sonst

besteht nämlich die Gefahr, dass die Enttäuschung auf Ihrer Seite den Konflikt sogar noch verschärft. In solch ausweglosen Situationen sind Sie in der Begleitung eines Mediators, der solche Enttäuschungen auffangen kann, wirklich besser aufgehoben.

Möchten Sie, nach Abwägung der Lage, eine Konfliktlösung zunächst ohne Hilfe eines neutralen Dritten versuchen, könnten Sie wie folgt vorgehen:

1. Sie erklären Ihrem Kontrahenten Ihre Bereitschaft, eine einseitige Maßnahme vorzunehmen, um die Spannung zwischen Ihnen zu vermindern. Wüthrich könnte etwa anbieten, im Garten von Palmer einen neuen Baum zu pflanzen. Oder Sie zeigen direkt eine eindeutige Geste der Versöhnung: Wüthrich kauft einen (nicht zu mickrigen) Baum, klingelt bei Palmer und bietet ihm an, diesen einzupflanzen.

2. Sie geben nicht auf, auch wenn „Palmer Ihnen die Türe vor der Nase zuschlägt". In diesem Fall könnte Wüthrich das Bäumchen, an dem ein Kärtchen mit der Bitte um Versöhnung hängt, vor die Türe von Palmer stellen. Vielleicht gelingt ja sogar noch eine kleine Entschuldigung für das eigenmächtige Fällen des Baumes.

3. Reagiert der andere darauf immer noch nicht, einfach mal abwarten. Vielleicht hat ja wenigstens die weitere

Eskalation ein Ende, womit immerhin schon viel gewonnen wäre.

4. Wenn sich Ihr Kontrahent von seinem Eskalationsgebaren immer noch nicht abhalten lässt, sollten Sie jetzt vielleicht doch einen neutralen Dritten zur Hilfe holen, der sich dann direkt an Ihren Kontrahenten wendet und versucht, diesen für eine einvernehmliche Konfliktlösung zu gewinnen. Dies kann dann beispielsweise auch ein unbeteiligter, mit beiden befreundeter Nachbar sein.

Wichtig: Vergessen Sie niemals Ihre Absicht, aus dem eskalierenden Konflikt auszusteigen, und setzen Sie diese immer an die oberste Stelle, egal wie Ihr Kontrahent reagiert. Damit nehmen Sie dem Konflikt den Wind aus den Segeln, denn Eskalationen funktionieren nur, wenn beide mitspielen. Dies besagt auch das spanische Sprichwort: *„Cuando uno no quiere, dos no pelean"* („Wenn der eine nicht will, können zwei nicht miteinander streiten.").

Essenz

- Wenn Streit eskaliert, neigen Menschen dazu, so zu agieren, dass sich die Fronten verhärten und eine Lösung immer unwahrscheinlicher wird. Die Strategie „Auge um Auge" kann dabei bis in den Abgrund führen.

- Gerechtigkeit ist immer nur subjektiv. „Zurückzahlen" mit gleicher Münze erzeugt somit höchstens ein inneres Gefühl von Ausgleich.

- Finden Sie heraus, was hinter Ihrem Gefühl, ungerecht behandelt worden zu sein, steckt. Welches Ihrer Bedürfnisse wurde verletzt?

- Je früher Sie aus der Abwärtsspirale aussteigen, desto größer sind die Chancen, eine konstruktive Lösung zu finden.

- Nehmen Sie Abstand, machen Sie sich ein Bild davon, wo in der Abwärtsspirale sich Ihr Streit befindet, und unternehmen Sie den ersten Schritt mit einer eindeutigen Versöhnungsgeste.

- Ausstiegsabsicht nicht vergessen: „Zum Streiten gehören immer zwei, schweigt einer, ist der Zank vorbei!"

„Schuld oder Nichtschuld"?

Eine beliebte Frage mit Sprengpotential

Der allseits beliebte neue Mitarbeiter, Scharm, bittet seine erfahrene Kollegin Helfrich immer wieder um Unterstützung bei den für ihn neuen Aufgaben. Helfrich kann seinem Charme nur schwer widerstehen und springt immer wieder für ihn ein. Doch langsam ärgert sie sich darüber, dass Scharm ihre anfängliche Hilfe immer mehr zur Gewohnheit werden lässt. Schließlich fasst sie sich ein Herz und teilt Herrn Scharm mit, dass sie Schwierigkeiten hat, ihre eigenen Aufgaben noch zu schaffen, wenn sie dabei ständig gestört wird und immer wieder für Scharm einspringen muss. Scharm zeigt sich verständnisvoll, doch zwei Stunden später steht er schon wieder im Büro der netten Kollegin und fragt um Rat. Resigniert und leicht genervt hilft Frau Helfrich auch hier wieder, erklärt aber, dass sie heute bitte nicht mehr gestört werden möchte, weil sie mal pünktlich Feierabend machen will. Es ist kurz vor 17 Uhr – Frau Helfrich räumt gerade ihren Schreibtisch auf – und wer steht in der Tür mit flehendem Blick? Natürlich ihr Kollege Scharm: „Du kannst mich jetzt nicht hängen lassen, diesmal ist es wirklich mehr als dringend, es ist niemand mehr da, den ich fragen kann und der Chef braucht die Sache morgen gleich ganz früh…" Kollegin Helfrich ist jetzt wirklich sauer, aber was soll sie denn machen? Also springt sie wieder ein, natürlich mit dem Vorwurf, dass immer alles an ihr hängen bleibt. Feierabend macht sie dann schließlich um 18 Uhr.

Man kann darauf wetten, dass sich dies wiederholen und vor allem hochschaukeln wird.

Oder: Außendienstmitarbeiter Schnell kommt pünktlich um 10 Uhr, direkt von zuhause, beim Kunden an und muss sich dort von der Empfangsdame aufklären lassen, dass das für heute angesetzte Meeting abgesagt worden sei. Man habe doch seinen Kollegen, Hein, telefonisch informiert. Total sauer ruft Schnell bei Hein an, um von diesem zu hören, dass er die Info gestern Abend doch noch per E-Mail an ihn weitergeleitet habe und schließlich ja nichts dafür könne, wenn Schnell seine E-Mails nicht abrufe. Woraufhin Schnell zurückschnauzt, Hein könne ja wohl nicht damit rechnen, dass er nach Feierabend noch seine Mails abrufe. Das Mindeste, was von einem „kollegialen" Kollegen erwartet werden könne, sei ja wohl, in einer solch wichtigen Sache mal den Hörer in die Hand zu nehmen.

Zu guter Letzt noch ein Beispiel aus dem Coaching. Ein Abteilungsleiter beschwert sich bei seinem Coach: „In meiner Abteilung geht es zu wie im Kindergarten! Nichts läuft wirklich rund, und immer wieder beschweren sich einzelne über den Teamältesten, Stocker, der nur Dienst nach Vorschrift mache."

Wer ist in diesen Fällen jetzt eigentlich der Schuldige? Herr Scharm etwa, der so penetrant um Hilfe bittet und sich selbst zu wenig Mühe gibt? Kollege Hein, der nicht angerufen, sondern nur eine Mail geschickt hat? Oder Stocker, der den ganzen Betrieb aufhält?

Natürlich gibt es auch Menschen, die nie an etwas schuld sind: „Ich wurde vom Radar geblitzt – völlig ungerechtfertigt! Ich bin ja nur ganz kurz aufs Gaspedal getreten. Schuld daran ist natürlich wieder mal mein Kunde, der mich so lange aufgehalten hat. Aber auch die Baustelle, derentwegen ich einen Umweg fahren musste. Und natürlich die Stadt, die so schlecht wirtschaftet, dass sie ihre Bürger bei jeder Gelegenheit abzocken muss."

Überall bei solchen kontroversen Themen ist man flugs in eine heftige Auseinandersetzung verwickelt. Und wer öfter Menschen beobachtet, die im Streit mit anderen liegen, der muss unweigerlich zu der Überzeugung gelangen: „Die wichtigste Mission im Rahmen jeder Konfliktlösung ist es, zunächst die Schuldfrage zu klären." Darauf basiert jahrhundertlange Gerichtspraxis, was allein schon als Beweis für die Richtigkeit dieser Aussage genügen sollte. Aber: Warum ist es eigentlich so wichtig, bei Konflikten die Schuldfrage zu klären? Was bringen Schuldzuweisungen, und was ist eigentlich Schuld?

Urteil „Schuldig"

Schuldig macht sich nach allgemeiner Auffassung, wer gegen sittliche, ethisch-moralische oder gesetzliche Wertvorstellungen verstößt – also eine als „schlecht" definierte Tat begeht. Im Allgemeinen existiert die Vorstellung, dass ein Ausgleich der Schuld dadurch erreicht werden kann, dass der Schuldige Wiedergutmachung leistet oder die

Untat des Schuldigen gerächt beziehungsweise zumindest geahndet wird.

„Schuld sein" wird in der Praxis also mit „schlecht sein" oder „böse sein" verbunden. Kein Wunder, dass bei solchen Vorstellungen keiner der Schuldige sein will, sondern die Verantwortung möglichst von sich selbst fernhält. In Streitfällen führt das unweigerlich zu einem „Schwarzer-Peter-Spiel", weil beide Seiten versuchen, die Schuld dem anderen in die Schuhe zu schieben. Und weil keiner sie freiwillig annimmt, greift man bei der Klärung der Schuldfrage auch auf Dritte zurück. Viele „gut gesinnte" Freunde und Verwandte sind dabei ein nicht zu unterschätzender Vorteil. Im schlimmsten Fall entscheiden die Gerichte, wer Schuld hat.

Die Mehrzahl der Streitfälle führt also zu einem gegenseitigen Zuweisen von Schuld, was logischerweise eine Verhärtung der Fronten anstatt Offenheit für Lösungen zur Folge hat, denn wir Menschen wollen anerkannt und akzeptiert werden, sonst sind wir nicht in der Lage, einander für zukunftsfähige Lösungen die Hand zu reichen. In Schuldzuweisungen steckt jedoch so viel Abwertungssprengstoff, dass jegliche Beziehung auf gleicher Augenhöhe unmöglich erscheint, auch wenn die Streitparteien diese im Grunde eigentlich anstreben.

Das ist der Preis dieser Herangehensweise. Nicht nur im Privatleben, sondern auch bei Geschäftsbeziehungen mit gemeinsamen Interessen oder Abhängigkeiten können sol- che Schuldzuweisungskreisläufe äußerst kontra-produktiv sein. Oft bringen sie das Risiko mit sich, dass ein großer Kunde beispielsweise sogar abspringt oder ein wichtiger Mitarbeiter kündigt. Eines scheint sicher: Ein wirklich konstruktiver Umgang miteinander ist erst dann möglich, wenn es gelingt, die durch Schuldzuweisungen entstehenden Abwertungen bewusst zu vermeiden.

Perspektivenwechsel

„Wer mit dem Finger auf andere zeigt, sollte immer bedenken, dass drei Finger der gleichen Hand auf ihn selbst zeigen." (Unbekannter Autor)

Typisch für Schuldzuweisungen ist, dass man nur auf die Schuld des anderen schaut, die eigenen Anteile an der Situation aber völlig ausblendet. Dabei versinnbildlicht das Zitat des Fingerzeigs gut, dass meist sogar die größeren Anteile bei der eigenen Person liegen. Ein Perspektivenwechsel – also der Blick auf die drei Finger, die auf uns selbst zeigen – kann durchaus hilfreich sein.

Auf dieser Sichtweise beruht beispielsweise die Systemtheorie, die seit Jahren in der Konfliktmediation, aber auch im Coaching Anstöße gibt, aufeinander zuzugehen. Sie kann zu erstaunlich positiven Wendungen führen, denn sie stellt nicht die Frage „wer ist schuld?" oder „wer hat woran Schuld?". Im systemischen Ansatz geht es darum zu ergründen, wie ein Mensch in seiner Situation eingebunden ist, die Beziehungsprozesse zu verstehen und individuelle Verhaltensmuster zu entdecken. Dabei wird das jeweilige Verhalten der Beteiligten nicht bewertet, also nicht als gut (unschuldig) oder schlecht (schuldig) betrachtet, sondern es wird das wertfreie Augenmerk auf den jeweiligen Beitrag gerichtet, den die Beteiligten zu einer Situation leisten.

Nehmen wir das Beispiel mit der gutmütigen und hilfsbereiten Kollegin Helfrich. Mit systemischer Sicht kann hier sehr rasch festgestellt werden, dass sich hier ein Muster installiert hat, sozusagen ein Teufelskreis, wozu beide „Mitspieler" immer wieder ihren Beitrag leisten. Scharm nimmt das Anliegen seiner Kollegin, nicht mehr gestört zu werden, nicht wirklich ernst und bittet sie weiterhin um Rat und Tat. Das *Ignorieren* ist also sein Beitrag. Kollegin Helfrich springt immer wieder ein und akzeptiert damit unausgesprochen, dass Scharm sich nicht auf andere Art hilft oder die nötige Eigeninitiative zeigt, um selbstständig etwas zu erarbeiten. Ihr Beitrag, das wird rasch deutlich, ist *das Tolerieren* des Verhaltens ihres Kollegen. Dies wiederum bestärkt Scharm, das Anliegen seiner Kollegin Helfrich, ungestört zu arbeiten, weiterhin zu ignorieren.

Das sind die jeweiligen Anteile am gemeinsam in Gang gesetzten Kreislauf. Wenn einem also bewusst wird, dass man zu jedem „Streitmuster" auch selbst etwas beiträgt, und man sich dann noch bemüht, herauszufinden, was konkret der eigene Anteil ist, kann dies zur Musterunterbrechung

führen. Insofern gibt es auch keine Einzelschuldigen.
Darüber hinaus kochen ohne Schuldzuweisungen auch die
Emotionen nicht so hoch. Logisch, dass damit die syste-
mische Herangehensweise eine Riesenchance darstellt, die
Kommunikation zwischen Konfliktparteien zu verbessern
und Krisen zu lösen.

Was bedeutet das nun für Ihre Konfliktsituationen?

Es ist einfach eine andere, bisher vielleicht noch ungewohn-
te Sichtweise, eine neue Haltung, die Ihnen weiterhilft.
Eine Art neuer Glaubenssatz, der lautet: „Zu jeder Situation und jedem Konflikt habe vermutlich auch ich meinen
Anteil beigesteuert." Gerade wenn Sie sich über einen
Mitmenschen, etwa einen Kollegen, besonders aufregen,
werden Sie merken, wie dieser Glaubenssatz der eigenen
Wut den Wind aus den Segeln nimmt und Sie wieder für
konstruktive Lösungsideen empfänglich macht. Denn im
Zusammenleben mit anderen, sei es im Beruf oder daheim,
ist es unsere Pflicht, unsere Mitverantwortung, danach zu
forschen, worin dieser Eigenbeitrag liegen könnte.

Schuldzuweisungen beenden

Wenn Sie sich plötzlich in einer Diskussion über die
Schuldzuweisung wiederfinden, beenden Sie diese so schnell
wie möglich! In unserem Beispiel der nicht angekommenen
Nachricht über die Terminabsage scheint eines klar: Die
ärgerliche Lage von Schnell muss durch mangelnde Klar-

heit in der Kommunikation entstanden sein. Irgendetwas hat offensichtlich gefehlt. Legen Sie deshalb in solchen Situationen eine kurze Gedankenpause ein, lehnen Sie sich zurück, betrachten Sie die Situation mit etwas Abstand und überlegen Sie sich: „Was könnte mein Beitrag zum Ursprung dieses Streites sein?" Vielleicht hat sich Schnell bisher vor der Abfahrt immer noch einmal vergewissert, ob der Kunde auch im Büro sei, nur heute nicht. Möglicherweise hat er auch durch sein bisheriges Verhalten, auf E-Mails umgehend zu reagieren, Hein signalisiert, dass er seine Mails ständig checkt. Und beim Abteilungsleiter, dessen Teammitarbeiter sich ständig über Kollege Stocker beschweren, der immer nur Dienst nach Vorschrift macht? In einem Abteilungsmeeting könnte er die Thematik zur Sprache bringen. Dann würde vielleicht den nörgelnden Teammitgliedern klar werden, dass sie etwa mit ihrem Druck auf Stocker diesen total verunsichert haben.

Wie unterbricht man ungeliebte Kreisläufe?

Hat sich, wie in unserem Beispiel des hilfesuchenden Kollegen Scharm, ein Muster gebildet, mit dem Sie nicht zufrieden sind? Dann reagieren Sie umgehend, jedoch nicht mit einer den Konflikt schürenden Schuldzuweisung, sondern eruieren Sie, welches Ihr Anteil sein könnte, den Sie zum entstandenen Kreislauf beigesteuert hatten. Im ersten Beispiel haben wir bereits aufgezeigt, dass das Tolerieren von Frau Helfrich der Schlüssel für den Teufelskreis „Scharm bittet um Hilfe, Frau Helfrich mosert zwar, hilft aber immer wieder, Scharm nimmt weiterhin ihre Hilfe in Anspruch" sein könnte. Hier kann Frau Helfrich ansetzen: Nicht mehr tolerieren, sondern Scharm selbst ins kalte Wasser springen lassen. Schließlich muss er irgendwann lernen, eigenverantwortlich und selbstständig mit anzupacken.

Wie verhält es sich denn mit dem Beispiel aus dem Coaching? Leider ist es in der Führungspraxis üblich, dass Führungskräfte sich viel zu lange um unangenehme Mitarbeitergespräche herumdrücken. Damit besteht jedoch auch die Gefahr, dass sich Muster einschleichen. Der Abteilungsleiter könnte jetzt den „Kindergarten" in seiner Abteilung beenden, indem er etwa eine klare Ansage im Team macht oder auch Stocker gegenüber in einem Mitarbeitergespräch seine Erwartungen klarstellt.

Blick in die Zukunft

Und noch ein Tipp: Indem man die Gedanken in die Zukunft richtet, verschwindet die Dimension der Schuld von selbst. Eine solche neue Blickrichtung hilft, die Vergangenheit mitsamt der Schuldzuweisungen loszulassen und sich stattdessen der Frage zuzuwenden: Was können wir künftig tun, damit solche unliebsamen Situationen nicht mehr entstehen? So könnten beispielsweise auch Schnell und Hein gemeinsam überlegen, wie sie in Zukunft wichtige Informationen auf sicherem Wege weiterleiten. Unter Berücksichtigung ihrer unterschiedlichen Gewohnheiten finden sie möglicherweise folgende maßgeschneiderte Lösung: In dringenden Fällen ruft Hein den Kollegen Schnell immer direkt an, Hein selbst jedoch möchte eilige Nachrichten lieber gemailt haben, weil er ohnehin ständig sein Smartphone checkt. Beide denken jetzt gar nicht mehr an Schuldzuweisungen. Manchmal unterstützt vielleicht auch ein kurzes Bedauern den Blick weg von der Schuld hin in die Zukunft, etwa ein von Hein ernst gemeintes und offen geäußertes „Es tut mir leid, dass die Sache so schiefgelaufen ist".

Wie wenig es bringt, in der Vergangenheit zu verweilen, verrät schon die Bibel mit der Erkenntnis: *„Niemand, der den Pflug führt und zurückschaut, ist reif für das Königreich Gottes."*

Fazit: Ein neues Bewusstsein muss her: die Erkenntnis, dass wir zu den meisten Lebenssituationen, in denen wir uns wiederfinden, selbst auch etwas beigetragen haben. Das mag zwar zunächst etwas ungewohnt sein, denn es fordert uns zum reflektieren über unsere eigene Mitverantwortung auf. Wir öffnen damit aber die Tür in ein konfliktfreies Zusammenleben, in dem wir unsere Gesprächspartner nicht mehr verbal angreifen müssen, um kontroverse Situationen zu überwinden. Von der Last der Schuldzuweisungen befreit, ist der Weg geebnet für konstruktive Win-win-Lösungen.

Mit dieser Intention lenkt übrigens auch in Mediationsverfahren der Mediator die Blickrichtung der Parteien immer wieder weg von der Schuld auf das Jetzt und die Zukunft.

Essenz

- Menschen tendieren dazu, anderen die Schuld zuzuschieben, wenn ihnen irgendetwas nicht passt.

- Durch Schuldzuweisungen wertet man den anderen ab. Diese Abwertung führt zu einer Schieflage in der Beziehung, die eine konstruktive Lösung eines Konflikts dramatisch erschwert.

- Es gibt keinen Kausalzusammenhang zwischen Schuld und Situation.

- Wir können es uns nicht oft genug vor Augen halten: „Zu jeder Situation und jedem Konflikt habe vermutlich auch ich meinen Anteil beigesteuert."

- Streitfälle und Teufelskreise lassen sich am besten auflösen, wenn wir uns, frei von der Wertung Schuld, auch unserer eigenen Beiträge an der jeweiligen Situation bewusst sind.

- Wenn wir den Blick in die Zukunft richten, verschwindet die Dimension Schuld von selbst.

Heimliches Rückzahlen

Im Stillen eine Lektion erteilen

Kennen Sie diese Situation? Murr hat sich schon so oft darüber aufgeregt, dass sein Kollege Wüst nie pünktlich zu vereinbarten Treffen kommt. Sogar wenn sie, beispielsweise um 19:30 Uhr, zum Apfelwein verabredet sind, erscheint Wüst mindestens eine Dreiviertelstunde zu spät, und dann nicht etwa mit einer Entschuldigung, sondern mit einem „Hallo, mein Lieber, schön dich zu sehen.". Murr ist in diesen Momenten zwar sauer, sagt jedoch nichts, weil er nicht den ganzen Abend verderben will, schließlich ist Wüst ja jetzt immerhin eingetroffen. Trotzdem ist Murr überzeugt davon, dass man Wüst doch irgendwie klarmachen muss, dass es so nicht geht. Und dafür hat er schon zwei Ideen. Beim nächsten Treffen, das die beiden vereinbaren, will er es Wüst mal richtig zeigen. Er wird nämlich entweder selbst eine Stunde zu spät kommen, so dass Wüst auch mal lange warten muss, oder er kommt pünktlich, wartet jedoch höchstens 30 Minuten, und fährt, wenn Wüst bis dahin nicht eingetroffen ist, einfach nach Hause. So wird er es schon lernen, pünktlich zu sein ...

Um die Situation und das darin schlummernde Konfliktpotential zu verdeutlichen, folgt hier noch ein Beispiel aus der Personalabteilung: In der Kaffeeküche steht ein Kasten Mineralwasser, aus dem sich jeder bedienen darf. Derjenige, der die letzte Flasche nimmt, bestellt in der Kantine einen neuen Kasten. Nach einigen Monaten merken die Kollegen allerdings, dass der Personalchef, Herr Eigenmann, immer nur Flaschen holt, jedoch nie nachbestellt, wenn er die letzte Flasche nimmt. Sie beschließen, Eigenmann eine Lektion in Sachen Solidarität zu erteilen: Am Morgen lassen sie alle vollen Flaschen in ihren Schreibtischen verschwinden und den leeren Kasten in der Küche stehen, denn Eigenmann hat um 10 Uhr eine wichtige Besprechung. Er soll lernen, wie es ist, wenn man Wasser braucht, jedoch alle Flaschen leer sind. Sicherlich wird ihm dann klar, dass auch er gewisse Pflichten hat.

Mit der gleichen Intention, eine stille Lektion zu erteilen, werden übrigens oft auch Nachrichten vorenthalten: Die Sekretärin des Vertriebsleiters, Frau Lang, teilt sich mit der Sekretärin des Finanzchefs, Frau Reich, ein Zimmer. Als gute Finanzsekretärin hält Frau Reich Finanzinformationen selbstverständlich unter Verschluss, auch vor der neugierigen Frau Lang, was diese immer wieder fuchst, weil man unter Kolleginnen doch mal ein Auge zudrücken könnte. Aber Frau Lang hat bereits eine Strategie: Sie „vergisst" ab und zu, ihrer Kollegin Informationen auszurichten, und zeigt sich bewusst zurückhaltend, wenn Frau Reich etwas über Interna wissen will: „Ich würde Ihnen das ja gerne erklären, aber ich glaube, das Thema ist vertraulich." Damit möchte sie ihrer Kollegin eindeutig klar machen, wie wichtig der gegenseitige Informationsaustausch ist.

Die Strategie, ein Thema nicht anzusprechen, sondern jemandem heimlich eine Lektion zu erteilen, nennen wir „heimliches Rückzahlen". Sie ist häufiger zu beobachten, als man allenthalben glaubt. Auch in Freundschaften wird diese Methode nur allzu gern genutzt: „Hundertmal hab ich schon angerufen. Ich werde mich auf jeden Fall so schnell nicht mehr melden. Mal sehen, wie lange es dauert, bis ich angerufen werde. Höchste Zeit, klarzustellen, dass nicht immer nur ich die Initiative ergreifen will."

Und was passiert bei dieser Strategie? Man ärgert sich über ein konkretes Verhalten von jemandem, der nicht einmal weiß, dass sein Verhalten Ärger hervorruft. Anstatt dieses jedoch beim anderen anzusprechen, zeigt man es ihm auf andere Weise. Man erteilt ihm sozusagen verdeckt eine kleine Lektion, damit er selbst darauf kommt. Schließlich sind Menschen ja lernfähig, und wer nicht hören kann, muss fühlen. Soweit hört sich diese Strategie eigentlich ganz schlüssig an.

Wo wirkt die Strategie?

Diese Strategie kann unseres Erachtens nur dann wirklich gut funktionieren, wenn unser Gegenüber genau so empfindet wie wir. Regt Wüst sich etwa auch über Unpünktlichkeit auf, dann hat die Strategie von Murr, selbst auch mal richtig zu spät zu kommen, ihn genau am richtigen Ort getroffen, weshalb sich damit sehr rasch eine Wirkung zeigen wird. Und wenn die Freundin oder der Freund die regelmäßigen Anrufe vermisst, kann es nicht mehr lange dauern, bis er oder sie selbst zum Hörer greift. Touché! Selbst Personalchef Eigenmann hat durch diese Strategie keine andere Wahl, als sofort zum Hörer zu greifen, denn er braucht ja eine Flasche Wasser für sein Meeting. Und falls Sekretärin Reich genauso neugierig ist, wie ihre Kollegin, beißt sie vielleicht an und gibt ein paar Häppchen der Finanzinterna frei. Also alles gut? Leider nicht ganz …

Wo liegt der Haken?

Der Haken liegt daran, dass wir Menschen nicht alle gleich funktionieren. Wir sind völlig unterschiedlich: Der eine Kollege scheint sehr rational und sachlich zu sein – er hält jeden Termin ein, kennt sich gut mit Zahlen aus und organisiert sich perfekt. Er ist zum Beispiel ein typischer „Projekt-Abarbeiter", denn man kann sich darauf verlassen, dass seine Projekte innerhalb des zeitlichen und finanziellen Budgets abgeschlossen werden. Der andere Kollege wirkt hingegen vielleicht eher etwas zerstreuter, ist dafür aber sehr kreativ und kann beispielsweise gut Flipcharts malen. Er hat originelle Ideen, jedoch muss man ihn öfter an Termine erinnern. Der erste würde ihn vielleicht als „Chaot" bezeichnen, weil er vieles anfängt, aber immer wieder die Übersicht verliert. Dieser Kollege könnte ein wunderbarer „Projekt-Initiator" sein, denn er sieht über den Tellerrand hinaus, hat visionäre Ideen und kann querdenken. Für die Phase der Detailabwicklung ist er allerdings weniger geeignet als der andere. Erkennen Sie den einen oder anderen Ihrer Kollegen in unserem Beispiel wieder?

Und warum erzählen wir Ihnen das? Weil genau hier der Knackpunkt liegt, ob die Waffe „heimliches Rückzahlen" trifft oder am Ziel vorbei schießt. Die Strategie geht nämlich nur dann auf, wenn der andere ähnlich „tickt" wie wir, wenn er also auf die gleichen Anstöße mit den gleichen Gefühlen reagiert. Gerade aber bei denjenigen, die durch die Strategie der „heimlichen Rückzahlung" eigentlich eine Lektion lernen sollten, handelt es sich jedoch meist um Menschen, die ihre Prioritäten anders setzen, die sich genau deshalb so anders, manchmal auch so vermeintlich unsolidarisch, benehmen, weil sie eben anders ticken. Die Gefahr besteht hier dann darin, dass unsere Waffe nicht wirkt: Eigenmann holt sich beispielsweise eine Flasche aus der unteren Etage oder nimmt einfach Wasser aus dem Hahn. Die Situation erschüttert ihn kein bisschen, der „giftige" Pfeil hat ihn noch nicht einmal berührt. Wüst wundert sich nur kurz, dass Murr nicht vor der Kneipe steht, denkt sich dann aber: „Habe ich mich wieder mal im Termin getäuscht. Ist ja nicht so schlimm, ich wollte ja sowieso noch einkaufen, wenn ich gerade in der Stadt bin." Und die sachliche Frau Reich interessiert sich vielleicht gar nicht für Klatsch. Und so sausen auch hier die Pfeile am Ziel vorbei.

Das Tragische an dieser Situation ist, dass die Maßnahme nicht nur wirkungslos „verpufft". Gleichzeitig steigert sie die Verzweiflung des anderen, der eigentlich mit der Aktion etwas bewirken wollte. Die Lektion ist nicht angekommen und dies macht noch frustrierter und wütender. Und im schlimmsten Fall verpufft die Maßnahme nicht nur, sondern setzt sogar ein destruktives Ping-Pong-Rachespiel in Gang: Frau Reich fühlt sich von Frau Lang schikaniert und rächt sich, indem sie diese hinter ihrem Rücken beim Vertriebsleiter anschwärzt.

Vergessen Sie diese Strategie!

Auch wenn es immer wieder probiert wird, die Strategie des heimlichen Zurückzahlens funktioniert meistens nicht, und zwar aus zwei Gründen: Zum einen, weil sie bei denjenigen, die uns ähnlich sind und von Ihrer Art daher genau darauf anspringen würden, überhaupt nicht gebraucht wird. Denn diese Menschen sind höchstwahrscheinlich fast nie die Quelle unseres Frustes, weil sie ähnliche Eigenschaften in sich vereinigen und deshalb auch immer brav die Wasserkästen nachbestellen oder Interna freigiebig ausplaudern. Zum Zweiten kann das „heimliche Zurückzahlen" bei anders gesinnten Menschen nicht funktionieren, da diese wegen ihrer Andersartigkeit gegen das Zurückzahlen sozusagen immun sind und die Strategie somit wirkungslos ist.

Was tun, um das Problem trotzdem aus der Welt zu schaffen?

Unser Gegenvorschlag ist eine direkte Strategie. Das Werkzeug dazu ist die direkte Kommunikation, und zwar auf Basis der Struktur der bereits im Kapitel „Rabattmarken sammeln" erläuterten Ich-Botschaft. Diese wird oft auch im Business für Kritik- oder Feedbackgespräche genutzt. Spre-

chen Sie die Angelegenheit direkt an, jedoch nicht unvorbereitet, sondern strukturiert. Wir erinnern noch einmal:

- das mich störende Verhalten wertfrei ansprechen,
- aufzeigen, was es bei mir auslöst,
- sowie ausdrücken, was ich mir stattdessen wünsche.

Am Beispiel der Personalabteilung könnte die Botschaft an Herrn Eigenmann etwa so aussehen: „Wir halten es im Team immer so, dass derjenige, der die letzte Flasche aus dem Wasserkasten holt, eine neue Kiste nachbestellt. Jetzt hatten wir schon öfter die Situation, dass Sie die letzte Flasche genommen haben, ohne direkt Wasser nachzubestellen. Das ist schon ein paar Mal richtig auf Unmut gestoßen, weil einige von uns dann in Besprechungen plötzlich ohne Wasser dastanden. Und es kam auch schon bei dem einen oder anderen Unwille auf, selbst Wasser nachzubestellen, wenn sich nicht alle an die Regel halten. Bisher hat das eigentlich immer gut geklappt und ich befürchte, dass diese Solidarität langsam schwindet, wenn Sie als Vorbild nicht mitmachen. Deshalb wär's einfach prima, wenn Sie bei Ebbe im Kasten auch zum Hörer greifen und Wasser nachbestellen. Oder haben Sie eine andere Idee?"

Im Telefonbeispiel könnte das Gespräch etwa so ablaufen: „Hör mal, ich hab dich in den vergangenen Wochen sicherlich vier Mal angerufen, um mit dir zu plaudern. Allerdings habe ich das Gefühl, dass immer ich anrufen muss, denn wenn ich mich nicht melde, höre ich nichts von dir. Das irritiert mich, und ich hab dann das Gefühl, dass dir gar nichts an mir liegt. Außerdem mache ich mir, wenn ich so gar nichts von dir höre, oft Gedanken, ob es dir gut geht, und dann ruf doch wieder ich an. Was meinst du, kannst du nicht auch einfach mal öfter zum Hörer greifen?"

Mit wertschätzender Haltung geht's noch besser

Das Gespräch gelingt meistens gut, wenn man sich darauf vorbereitet und strukturiert vorgeht. Noch wichtiger ist jedoch die grundsätzliche Einstellung, mit der Sie ins Gespräch gehen. Tatsächlich ankommen können Sie mit Ihrem Anliegen nämlich nur mit einer wirklich wertschätzenden Haltung, die auf der Erkenntnis beruht, dass es keine besseren und keine schlechteren Menschen gibt. Vielleicht zeigt das uns so störende Verhalten ja auch tatsächlich eine „Schwäche" des anderen auf. Dann ist es gut, sich seine Stärken wieder bewusst zu machen, deren Existenz wir im Moment des Frusts vielleicht völlig vergessen haben. Warum sind wir beispielsweise froh, ihn im Team zu haben? Vielleicht gerade weil er zwar etwas chaotisch, aber immer dann sehr hilfreich ist, wenn ganz viel Kreativität gebraucht wird. Mit dieser Wertschätzung „im Gepäck" wird das Gespräch sicherlich viel effektiver verlaufen, anstatt mit dem Fokus auf der „schwachen" Seite ins Gespräch zu ziehen.

Unser Fazit: Das heimliche Rückzahlen kann ganz schön frustrierend sein. Wenn Sie die Themen jedoch umgehend und offen ansprechen, wird es meistens nicht mehr nötig sein, dem anderen eine heimliche Lektion zu erteilen. Und für Sie selbst wird damit das leidige Problem ein für alle Mal aus der Welt geschafft.

Essenz

- Manchmal nerven uns andere mit ihrem Verhalten. Dann wollen wir es ihnen zurückzahlen und ihnen heimlich eine Lektion erteilen.

- Die Waffe des heimlichen Zurückzahlens ist nur wirkungsvoll bei Menschen, die genauso gestrickt sind wie wir. Bei all jenen, die anders denken und reagieren, verpufft sie.

- Viel effektiver kann man nervende Themen durch ein klar strukturiertes Kritik- oder Feedbackgespräch aus der Welt räumen.

- Ein solches Feedbackgespräch gelingt besonders gut mit einer wertschätzenden Haltung. Wer sich deshalb vorher überlegt, was er am anderen besonders schätzt, hat seinen eigenen Geist bereits auf gegenseitigen Respekt eingestellt.

Der Schwächere gibt nach

Vom Versuch, sich doch vom Pflock loszureißen

Der neue Finanzvorstand, Herr Topp, hat bereits in seinen ersten 100 Tagen einiges auf den Kopf gestellt. Herr Alt, langjähriger Leiter des Rechnungswesens, ist darüber nicht gerade begeistert, ist er doch mit seiner bewährten Abteilungsstruktur in den vergangenen zwanzig Jahren ganz gut klar gekommen. Völlig überraschend präsentiert Topp Herrn Alt dann auch noch kurz vor Weihnachten einen jungen Mann, der zusammen mit ihm studiert und den er als stellvertretenden Buchhaltungschef eingestellt hat. Dieser Herr Jung werde Anfang Januar im Rechnungswesen anfangen und er, Topp, habe keinen Zweifel, dass man sich bald sehr schätzen werde. Alt ist daraufhin völlig perplex, weil er auf keinen Fall einen Wachhund des Vorstandes in den eigenen Reihen haben will. Er macht jedoch gute Miene zum vermeintlich bösen Spiel, weil er es sich mit Topp nicht verscherzen will.

Bereits nach wenigen Tagen der Einarbeitungsphase bekommt Jung ein komisches Gefühl, denn sein Chef, Alt, verhält sich so merkwürdig. Er hat den Eindruck, dass Alt ihn ständig übersieht, wenn er ihm begegnet. Arbeitsaufträge bekommt Jung nur auf Notizzetteln mit knappen, fast unleserlichen Anweisungen. Auf die höfliche Nachfrage, was damit gemeint sei, antwortet Alt dann meistens rüde, dass er jetzt keine Zeit habe, oder raunzt ihn an, ob er denn alles hundert Mal erklären müsse. Jung kann sich das Verhalten seines Vorgesetzten nicht erklären. Er ist aber überzeugt, dass Alt ihn schon akzeptieren werde, wenn er sich erst einmal eingearbeitet hat und den Chef mit guten Verbesserungsvorschlägen unterstützen kann. In den folgenden Wochen bessert sich die Situation jedoch nicht. Im Gegenteil: Nun verhalten sich auch die Kollegen ganz komisch, obwohl sie anfänglich neutral waren. Jetzt scheinen sie sich mit dem Chef verbündet zu haben und fangen an, Jung Informationen vorzuenthalten, sich über ihn lustig zu machen, seine korrekte Kleidung zu kritisieren und nicht mehr mit ihm in die Kantine zu gehen. Sie lassen ihn einfach links liegen. Nach einem Vierteljahr stellen sich bei Jung starke psychosomatische Beschwerden ein. Er schläft immer schlechter und hat ständig Magenschmerzen. Und jeden Morgen beim Aufstehen graut es ihm bereits, wenn er nur daran denkt, dass er wieder an seinen Arbeitsplatz gehen muss. Die Situation macht ihn fast wahnsinnig. Er erwägt ernsthaft, zu kündigen, denn er fühlt sich schikaniert und denkt mutlos und resigniert: „Ich hab ja sowieso keine Chance. Alle sind gegen mich, und ich bin denen gegenüber eindeutig der Schwächere."

Kennen Sie solche Situationen? Dem Neuen, den der Chef nicht will, wird das Leben schwergemacht. Und das so lange, bis er es nicht mehr aushält und wieder kündigt. Er wird regelrecht rausgeekelt. Hier könnte sogar ein Beispiel von Mobbing vorliegen, soweit die Angriffe systematisch erfolgen und in der Absicht, Jung von seinem Arbeitsplatz zu vertreiben, auch wenn der Modebegriff „Mobbing" heute allzu oft für ganz normale Konflikte benutzt wird. Inzwischen haben ihn schon Kinder aufgeschnappt und nutzen seine Schlagkraft: „Papa! Mama mobbt mich!"

Wir wollen hier keine detaillierte Abhandlung über echtes Mobbing und seine Gegenstrategien abbilden, sondern aufgreifen, was im Allgemeinen mit Mobbing assoziiert wird: nämlich Ungerechtigkeit, von Stärkeren drangsaliert werden und Opfer sein in Situationen mit ungleichen Machtverhältnissen. Es geht uns generell um die Situation der „Schwächeren", der „Opfer" in asymmetrischen Konflikten.

Unsere Denkprogramme wirken auf unsere Wirklichkeit

Manch einer macht sich selber fertig, weil er aus Erfahrung „weiß", dass etwas nicht geht. In seinen Gedanken sagt er sich vielleicht: „Das darf ich nicht" oder „Da hab ich überhaupt keine Chance". Wir kennen alle diese demotivierenden Sätze, die man sich immer wieder vorsagt.

Haben Sie sich auch schon in Situationen wiedergefunden, in denen Sie sich eindeutig unterlegen und schwächer gefühlt haben? Das Unterlegenheitsgefühl kann dabei aus verschiedenen Gründen entstanden sein, beispielsweise aus empfundenen Sachzwängen („Der Arbeitsplatz ist meine Existenzgrundlage") oder aus dem Gefühl, einer als übermächtig empfundenen Autorität gegenüber zu stehen. Möglicherweise sieht man sich, wie in unserem Eingangs-fall, plötzlich auch als Einzelner einer Mehrheit gegenüber. Allen Gründen gemeinsam ist jedenfalls das Gefühl, aus-geliefert zu sein. Die erlebten Verhaltensweisen des Chefs oder der Kollegen bringen einen zu der Überzeugung, dass man keinerlei Chance hat, die Situation zu seinen Gunsten zu verändern, und dieses Ohnmachtsgefühl sitzt tief. So tief, dass es meist die ganze Fantasie und Energie raubt, um überhaupt zu versuchen, den Zustand zu verbessern.

Glaubenssätze können bremsen

Überzeugungen, das heißt Glaubenssätze – innere Bilder und Einstellungen – sitzen tief in uns. Sie sind es, die unser Verhalten maßgeblich steuern. Sie sind sozusagen die Gas- und Bremspedale für unser Verhalten und basieren auf alten Erfahrungen sowie dadurch entstandenen, emotionalen und mentalen Konditionierungen, die unsere Selbst- und Fremdwahrnehmung verzerren.

Wir kennen das alle, wenn wir schon einmal im Dunklen vor einem „finsteren" Gegenstand erschrocken sind, der sich – im rechten Licht betrachtet – als völlig harmlos heraus-gestellt hat. Unsere Gedanken erzeugen Wirklichkeiten, die sich auf uns „auswirken". Wer etwas entgegen seiner inneren Überzeugung tut, wird dabei meist nicht sehr au-thentisch sein, sondern sozusagen Gas und Bremse gleich-zeitig treten. Oder denken Sie etwa, dass Ihnen in einem

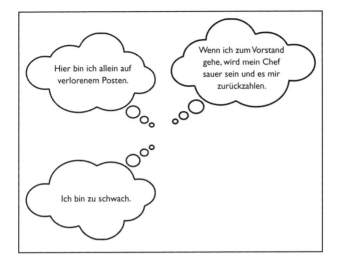

wichtigen Meeting eine Präsentation gelingen wird, wenn Sie glauben, dass Sie sowieso nicht gut vortragen können? Sie würden eher mit angezogener Handbremse präsentieren. Denn mit der Überzeugung, dass man keine Chance hat, kämpft man nicht sehr ambitioniert. So ist auch Jung in der obigen Geschichte verzweifelt, denn er fühlt sich unterlegen – das heißt, er sieht keine Chance oder Möglichkeit, sich zu wehren.

Nun, unsere Überzeugungen müssen nicht immer der Wahrheit entsprechen. Sie spiegeln lediglich die erlebte Wirklichkeit aus eigener, subjektiver Sicht wider. Wenn Jung überzeugt davon ist, dass er dort nie einen Fuß auf den Boden bekommen kann, dann ist das in erster Linie seine Sichtweise – eben seine Überzeugung. Von einem anderen Blickpunkt aus betrachtet, könnte die Situation durchaus anders aussehen. Da Jung aber felsenfest davon überzeugt ist, sowieso nichts ausrichten zu können, fügt er sich, so wie der angekettete Zirkuselefant in folgender, im Coaching gerne zitierten Geschichte, die sich von einer Erzählung Jorge Bucays ableitet (Jorge Bugay, „Komm, ich erzähl dir eine Geschichte", Amman Verlag, Zürich):

Im Zirkus sind die mächtigen Elefanten meist nur an einem kleinen Pfahl angebunden. Man fragt sich, wie es möglich ist, so ein schweres und kräftiges Tier an so einem dünnen Pflock festzumachen? Ein Ruck, und der Elefant könnte mitsamt dem Stück Holz auf Wanderschaft gehen. Warum aber bleibt er stehen? Ganz einfach: Im Zirkus wurde er schon als Baby an einem solchen Pflock angekettet. Er war allerdings damals noch zu klein und nicht kräftig genug, um sich zu befreien. So sehr er sich damals anstrengte, so sehr misslang ihm das Losreißen. Und eines Tages akzeptierte das Tier seine Ohnmacht und fügte sich in sein Schicksal. Es hat gelernt, sich brav zu fügen und die Hilflosigkeit gegen den stärkeren, standhaften Pflock anzunehmen. Dieses riesige, starke Tier flieht nicht, weil es glaubt, dass es nicht kann. Und das Schlimmste dabei ist, dass er diese Überzeugung nie wieder ernsthaft hinterfragt hat. Nie wieder hat er versucht, seine Kraft auf die Probe zu stellen.

Uns allen geht es manchmal ein bisschen wie diesem Zirkuselefanten. Wir lassen uns von vermeintlichen Pflöcken – unseren Glaubenssätzen – zurückhalten. Wir glauben, einen ganzen Haufen Dinge nicht zu können, bloß weil wir sie vor sehr langer Zeit ausprobiert haben und damals gescheitert sind.

Ein Beispiel: Anne bekam in der Schule schon immer gesagt, sie könne nicht malen, und hat noch heute die Sätze ihres Lehrers im Ohr: „Was ist denn das für ein Gekritzel? Na ja, Malen ist wirklich nicht deine Stärke." Seitdem hat sie es auch nie wieder versucht. Nun ist sie Abteilungsleiterin und sitzt gerade im Strategieworkshop ihrer Firma. Als der Workshopleiter die Teilnehmer auffordert, ihre Unternehmensvision in einem Bild darzustellen, verkrampft sie sich ganz impulsiv und meldet: „Ich kann aber nicht malen!" Würde sie es hingegen einfach mal versuchen, stellte sie vielleicht fest, dass sie gar nicht so unbegabt ist, sondern sogar richtig kreativ sein kann. Vielleicht könnte die Geschichte vom Elefanten Anne die Augen öffnen und eine entspannte Hand bescheren.

Auch Jung hat sich vermutlich wegen seiner Überzeugung, dass er machtlos sei, die Schikanen seiner Abteilung gefallen lassen und deshalb seit Stellenantritt niemals versucht, sich von seinem Pflock loszureißen.

Möglicherweise war Jung aber auch davon überzeugt, er habe nicht genug Einfluss oder Macht, um sich gegen das abwertende Verhalten des Chefs zu wehren. Eine solche Einschätzung mangelnder, eigener Möglichkeiten bei ungleichen Machtverhältnissen blockiert die vermeintlich Schwächeren regelrecht und hindert sie daran, etwas zu unternehmen. Wie sehr man allerdings seine Möglichkeiten unterschätzen kann, bringt die Body Shop-Gründerin, Anita Roddeck, sehr treffend mit folgendem Bild zum Ausdruck: „Wenn Sie denken, Sie seien zu klein und machtlos, um etwas zu bewegen, haben Sie noch nie eine Nacht mit einem Moskito im gleichen Raum verbracht."

Den Pflock los reißen

Wir haben eine gute Nachricht. Glaubenssätze können verändert werden! Und das kann sogar ohne Coach oder Mentaltrainer funktionieren, denn Sie selbst können blockierenden Glaubenssätzen auch allein auf die Spur kommen. Dazu benötigen Sie lediglich drei Schritte: Glaubenssätze *herausfinden, hinterfragen* und zum Schluss *verändern* oder durch neue, förderliche *austauschen*.

Erstens: Herausfinden, was Sie glauben

Wer seinen „Pflock am Bein" loswerden will, sollte sich zuallererst seiner für ihn hinderlichen Glaubenssätze bewusst werden. Unsere Überzeugungen sind nämlich so tief in uns verankert, dass wir uns ihrer gar nicht bewusst sind. Wenn wir uns also in einer Situation gefangen fühlen, liegt der Schlüssel darin, die blockierenden Glaubenssätze herauszufinden, die uns gefangen halten. Doch wie können Sie Ihren eigenen Glaubenssätzen auf die Spur kommen? Schauen Sie sich am besten die Situationen, in denen Sie sich blockiert fühlen, ganz genau an. Denn dort verstecken sich Ihre Glaubenssätze.

Schauen wir uns an, welche Möglichkeiten Jung offenstehen: Er könnte als erstes einmal darüber nachdenken und für sich notieren, welche Gedanken ihn eigentlich in dieser schrecklichen Situation gefangen halten und ihn daran hindern, das Thema auf den Tisch zu bringen. Wovor fürchtet er sich eigentlich? Ist es womöglich die ablehnende Reaktion seines Chefs? Vielleicht die Angst, mit leeren Händen dazustehen oder nicht gehört, sondern ausgelacht zu werden? Oder sogar die Befürchtung, dass der Chef vollständig ausrastet?

Auslöser für solche Vorstellungen kann etwa der Glaubenssatz sein: „Bei Konfrontationen ziehe ich immer den Kürzeren", auf den sich Jung schon im Vorfeld gedanklich programmiert hat und der ihn geradezu in Panik versetzt. Möglicherweise ist es aber auch schlicht und einfach die Vorstellung „man widerspricht dem Chef nicht", die Jung lähmt. Wichtig ist und bleibt: Schreiben Sie alle diese Ängste wirklich auf! Nur so können Sie sie aktiv betrachten und bearbeiten. Damit verlieren sie nach und nach auch ihre Macht.

Glaubenssätzen kommen Sie beispielsweise auch auf die Spur, indem Sie auf Sätze mit Worten wie „immer", „alle", „nie" oder „grundsätzlich" achten. Auch von unseren Eltern oder Lehrmeistern haben wir bestimmte feste Überzeugungen übernommen. Gehen Sie auf die Suche! Zum Beispiel: „Der Lieblingsspruch meiner Mutter war ..." oder „Bei meinem ersten Chef war es wichtig, dass ...". Typische Glaubenssätze sind zum Beispiel „Das kannst du nicht", „Ohne Fleiß kein Preis", „Ich muss das alleine schaffen", „Der Klügere gibt nach" oder „Mir hört ja doch niemand zu". Sicher haben Sie darüber hinaus noch zahlreiche Sprichwörter und sogenannte Lebensweisheiten zur Hand. Aber wie hilfreich sind diese für Sie? Leitet Sie vielleicht der Gedanke „Besser den Spatz in der Hand, als die Taube auf dem Dach"? Dann könnte es sein, dass Sie sich mit dieser Einstellung selbst bremsen. Nehmen Sie also ab sofort Ihre Gedanken ins Visier und notieren Sie sich alle gefundenen Glaubenssätze.

Zweitens: Glaubenssätze hinterfragen

Gehen Sie nun alle Sie blockierenden Überzeugungen einmal durch und fragen Sie sich: Erschwert oder erleichtert meine Überzeugung die Lösung meines Problems? Wie würde meine Situation aussehen, wenn ich diesen Glaubenssatz nicht hätte oder meine Überzeugung falsch wäre? Schätzt mein Freund, Vertrauter oder Coach meine Möglichkeiten anders ein als ich? Dabei heißt hinterfragen nicht, dass Sie diese Überzeugungen komplett aufgeben sollen, weil einige von ihnen in anderen Situationen durchaus hilfreich sein können. Bei der Erstellung des Monatsabschlusses beispielsweise kann der Glaubenssatz „Ich darf mir keine Fehler erlauben" sicherlich zu exakterem Arbeiten verhelfen. Wenn dieser Satz einen aber daran hindert, neue Herausforderungen anzunehmen, bei denen man unweigerlich Fehler machen wird und vielleicht sogar muss, wirkt er bremsend.

Man kann also nicht oft genug die eigenen Überzeugungen und die damit verbundenen Annahmen auf den Prüfstand

stellen. Dies unterstreicht auch der letzte Satz der Elefan-
tengeschichte: *„Und das Schlimmste dabei ist, dass er diese*
Überzeugung nie wieder ernsthaft hinterfragt hat."

Drittens: Glaubenssätze verändern und austauschen

Nach dem Aufschreiben und Hinterfragen folgt sozusagen
die „Neuprogrammierung" durch positive Glaubenssätze.
Seien Sie kreativ! Fallen Ihnen vielleicht bessere Sätze und
Überzeugungen ein, bei denen Sie sich vorstellen können,
dass sie eher förderlich sind? Das müssen nicht unbedingt
völlig neue Überzeugungen, es können auch bisherige, aber
nun veränderte Sätze sein. Hier einige Beispiele: „Probleme
sind auch Chancen", „Aus Fehlern kann man lernen", „Alles hat einen Sinn". Oder – in Frankfurt entstanden: *„Der*
Klügere gibt so lange nach, bis er der Dumme ist" (bekannter
Sponti-Spruch). In Jungs Fall: „Ich darf mich wehren, auch
wenn es mein Chef ist." „Das Thema beim Chef ansprechen
heißt ja noch nicht, sich gegen ihn aufzulehnen."

Lesen Sie sich diese umprogrammierten Sätze täglich ein
bis zwei Mal vor. Zwar werden Sie in der ersten Zeit immer
wieder in die alten Denkmuster zurückfallen, aber das ist
ganz normal. Bleiben Sie einfach am Ball – Sie werden bald
Veränderungen wahrnehmen!

Jetzt ist zumindest der Weg frei für neue Glaubenssätze.
Damit ist die angezogene Handbremse jedoch noch nicht
unbedingt gelöst. Was häufig noch blockiert, insbesondere
in hierarchisch untergeordneten Positionen, ist das Gefühl,

Opfer der Situation und damit selbst völlig schuldlos zu sein.

Verantwortung für den eigenen Beitrag erkennen

Wenn man sich als Schwächerer ohnmächtig und als hilfloses Opfer fühlt, führt dies oft dazu, dass man die Verantwortung nur bei den anderen sucht. Ähnlich wie bei der Schuldzuweisung, übersieht man dabei gerne, dass man zu jeder Situation, in die man gerät, immer auch selbst etwas beigetragen hat – und sei es nur durch Passivität. Sich des eigenen Beitrags an der unbefriedigenden Lage bewusst zu werden ist die große Chance, das mit der Opferrolle verbundene Ohnmachtsgefühl in ein „Machtgefühl" zu verwandeln.

Wie könnte Jung selbst zu seiner Situation beigetragen haben? Vermutlich hat er viel zu spät oder gar nicht erkannt, dass sich in seiner Abteilung das Muster „Ich missachte dich und du lässt es zu" installiert hat. Indem er sich dieses Verhalten von Anfang an hat gefallen lassen, gab er dem Chef und den Kollegen ungewollt das Zeichen, dass er sich nicht wehren wird. Damit hat er die Abwärtsspirale unbewusst selbst mit in Gang gehalten.

Weg frei, Bremsen gelöst

Jetzt, nachdem er seine Überzeugungen korrigiert hat und sich seines eigenen Beitrags an der verfahrenen Situation

bewusst ist, wird Jung in der Lage sein, das Problem anzusprechen, zu klären und Missverständnisse auszuräumen.
Eigentlich hätte er zwar bereits reagieren sollen, als ihm das
merkwürdige Verhalten seines Chefs aufgefallen war, denn
je schneller man aktiv wird, desto größer ist die Chance,
eine Negativspirale frühzeitig aufzuhalten. Aber auch jetzt
noch kann er Alt – zum Beispiel mithilfe einer Ich-Botschaft (siehe Kapitel „Rabattmarken sammeln" S. 28) – jederzeit bewusst machen, wie ungewollt er sich in der Abteilung fühlt und wie sehr ihn das verletzt. Er könnte Alt
außerdem direkt fragen, warum dieser ihn so wenig wertschätzend behandelt. Bei diesem Gespräch würde sich möglicherweise auch für Alt herausstellen, dass Jung gar nicht
der befürchtete „schlimme Wachhund" ist und dass dessen
innovative Vorschläge keine Besserwisserei waren, sondern
verzweifelte Versuche, das Verhältnis zu verbessern.

Sollte allerdings ein echter Fall von Mobbing vorliegen,
wird Alt wahrscheinlich gar kein Verständnis aufbringen
wollen, weil er aus eigennützigen Gründen längst beschlos-
sen hat, jeden vom Vorstand geschickten Stellvertreter raus-
zuekeln. Dann hätte Jung mit einem persönlichen Gespräch
wohl keinen Erfolg, würde jedoch immerhin mehr Klarheit
gewinnen.

Echten Mobbingopfern kann unseres Erachtens nur empfohlen werden, so früh wie möglich externe Hilfe einzuholen,
zum Beispiel beim „Verein gegen psychosozialen Stress und
Mobbing e.V.". Hier kann gemeinsam mit einem Experten

geklärt werden, ob die Situation überhaupt noch verändert werden kann oder, auf dem Hintergrund der Erfahrungen, eher die bestmögliche Form der Verabschiedung zu suchen ist.

Für alle anderen liegt der Schlüssel in der Erkenntnis des eigenen Beitrages sowie im „Umprogrammieren" der bisher bremsenden Glaubenssätze. Marc Aurel war das scheinbar bereits vor 1.800 Jahren klar: *„Das Glück deines Lebens hängt von der Beschaffenheit deiner Gedanken ab."*

Essenz

- Glaubenssätze, also die inneren Bilder und Überzeugungen, steuern maßgeblich unser Verhalten. Oft lassen wir uns – wie der Zirkuselefant – durch alte Überzeugungen zurückhalten, die heute eigentlich gar nicht mehr angemessen sind.

- Drei Schritte sind für eine nachhaltige Veränderung nötig: bremsende Glaubenssätze *herausfinden, hinterfragen* und dann *verändern* oder *austauschen*.

- Speziell in Situationen, in denen man sich machtlos und gefangen fühlt, ist das Hinterfragen der eigenen Glaubenssätze ein Schlüssel zur Entfesselung. Neue Sichtweisen geben neuen Mut zum Handeln.

- Ein weiterer Schlüssel zur Verbesserung ungeliebter Situationen liegt in der Erkenntnis des eigenen Beitrages. Wodurch halten Sie selbst das Rad mit in Schwung?

- Hinsichtlich der eigenen inneren Bilder ist man oft betriebsblind. Eine dritte Person, ein Freund oder Coach, kann Ihnen hier helfen, die Situation aus einer neuen Perspektive zu betrachten.

Zusammenfassung

Zum Abschluss wollen wir noch einmal die wichtigsten Thesen unseres Buches in Erinnerung rufen:

Irgendwann ist jedes Rabattmarkenheft voll und das Einlösen bitter

Die Strategie, kleine Konflikte nicht sofort auszutragen, sondern herunterzuschlucken, führt meist zu einem dicken Hals. Dabei löst irgendwann ein geringer Anlass, der das Fass zum Überlaufen bringt, eine Explosion aus. Ein häufiges Resultat: schwer belastete oder sogar abgebrochene Beziehungen durch ein als völlig unangemessen empfundenes Verhalten – sicherlich nicht das, was ursprünglich mit der Konfliktvermeidung bezweckt werden sollte.

Was tun? Es hilft nur eins: Konflikte – und seien sie am Anfang noch so klein – sofort ansprechen. Dabei helfen Ich-Botschaften, Wünsche anzubringen und Verständnis zu wecken, ohne den anderen zu verletzen.

Volkskrankheit Werteritis ist eine Seuche, die uns und unsere Beziehungen bedroht

Die Neigung, alles und jedes zu bewerten und als gut oder schlecht einzuordnen, belastet uns mehr als sie uns hilft. Zum einen kann sie unnötige Sorgen und Ängste verursachen. Zum anderen ist offensichtlich, dass wir uns mit unseren Wertungen auch täuschen können. Tragisch wird es vor allem dann, wenn unser Verhalten anderen gegenüber auf falschen Wertungen basiert. Am sinnvollsten wäre es natürlich, es sich abzugewöhnen, alles zu bewerten. Dies ist allerdings leichter gesagt als getan, da wir das Werten völlig verinnerlicht haben. Wir können uns als ersten Schritt aber schon einmal vornehmen, wenigstens im Umgang mit anderen unsere eigenen Wertungen immer wieder zu überprüfen, indem wir einfach nachfragen, wie etwas gemeint ist.

Die Faust in der Tasche nutzt nichts, denn Hände sind zum Anpacken da

Bei Streitigkeiten bringt der Verzicht auf Dinge, die einem wichtig sind – sei es um des lieben Friedens willen, aus Angst vor Konsequenzen oder ganz einfach, weil man denkt, das wird sich schon von alleine regeln –, fast nie das, was man sich erhofft. Die erwartete Dankbarkeit bleibt meist aus. Unterschwellig brodelt das Thema weiter, der Konflikt bleibt. Wer einen Konflikt wirklich aus der Welt schaffen will, muss den Stier bei den Hörnern packen, also selbst aktiv werden. Und aktiv werden heißt in diesem Fall Abstand nehmen und dann bewusst eine klare Entscheidung für *love it, change it* oder *leave it* treffen.

Kompromisse sind faul –
Nutzen Sie die Chance der Win-win-Lösung

In Konfliktfällen werden oft schnelle Basar-Kompromisse eingegangen, um den Streit möglichst rasch beizulegen und wieder Harmonie herzustellen. Der Nachteil: Keiner gewinnt, denn jeder gibt etwas auf. Wem allerdings nicht nur vordergründige Harmonie wichtig ist, der kann mehr erreichen, wenn er einen Blick hinter die sich gegenüberstehenden Positionen wirft und versucht, herauszufinden, welche eigenen und fremden Interessen dahinter stecken. Es wird zwar nicht immer möglich sein, eine Win-win-Lösung zu finden. Allerdings verpassen wir zu oft die Chance, weil wir uns gar nicht erst auf die Suche begeben. Vor lauter Angst, zu viel der eigenen Position aufgeben zu müssen, argumentieren wir gegeneinander, anstatt gemeinsam und mit Offenheit auch für die fremden Interessen eine intelligente Konsenslösung zu suchen.

Auch Richter sind Menschen –
Nehmen Sie den Streit selbst in die Hand!

Die Hoffnung, vor Gericht recht zu bekommen, lässt viele direkt den Gerichtsweg beschreiten. Doch auch dort kommt es oft anders, als man denkt. Die Entscheidungsmacht hat man aus der Hand gegeben und letztendlich entscheidet das Urteil eines Dritten – des Richters. Oft tritt diese ersehnte Entscheidung erst nach vielen Jahren ein, in denen der Streit ohne Gericht schon lange vergessen wäre. Auf der Strecke bleibt die Kommunikation, der ehemalige Freund oder Geschäftspartner wird zum Gegner, und am Ende gibt es immer einen Verlierer. Versuchen Sie doch mal, einen Streit auf ganz neue Weise zu lösen, nämlich mit direkter Kommunikation. Und falls die Fronten für eine zielführende Kommunikation schon zu verhärtet sind, schalten Sie einen „Zusammenführer", einen Mediator, ein, der die Interessen herausfiltert, was wiederum gewinnbringende Lösungsideen hervorzaubern kann. Damit bleiben Sie Herr des Geschehens und sparen auch noch viel Zeit und Geld.

Jeder Mensch hat sein eigenes Weltbild. Wer hat dann aber Recht?

Manche streiten so lange, bis endlich der ersehnte Satz kommt „Du hast ja recht", und wenn er nicht gekommen ist, dann streiten sie noch heute. Warum? Weil viele es persönlich nehmen, wenn sie im Unrecht sind, und damit ihr eigenes o.k.-Gefühl davon abhängig machen, ob sie im Recht sind. Anscheinend macht es uns unsicher, wenn das eigene Weltbild nicht bestätigt wird. Bedenken Sie aber: Jeder nimmt etwas anderes wahr und hält seine Wirklichkeit für die einzig richtige. Die einzige Wahrheit gibt es jedoch nicht, sondern jeder konstruiert sich seine eigene subjektive Weltanschauung, entsprechend seiner individuellen Erfahrungen. Und darin liegt der Schlüssel: Viele Streitigkeiten entschärfen sich ganz schnell, wenn man akzeptiert, dass die Vorstellungswelt des anderen genauso wahr ist. Wenn man gewillt ist, die Sichtweise des anderen zu verstehen, geht es auf einmal gar nicht mehr um die Frage, wer recht hat.

Das Wörtchen „man" ist eine Moralkeule, die mit Wucht konstruktive Kommunikation zertrümmern kann

Erstaunlich, was sich mit dem Wörtchen „man" so alles bewegen lässt. Gerne nehmen wir es zu Hilfe, um unsere Vorstellungen oder Überzeugungen zu untermauern. Sozusagen mit Rückendeckung einer unsichtbaren höheren Instanz wird demonstriert, dass wir uns auf der Seite des Guten, des Richtigen befinden. Bei unserem Gegenüber lösen wir dadurch allerdings mit voller Wucht das Gefühl aus, seine Vorstellungswelt, und damit auch er selbst, seien nicht in Ordnung. Er fühlt sich herabgewürdigt, das „Kind-Ich" wird aktiviert und seine Reaktion fällt entsprechend aus: aggressiv oder zurück ins Schneckenhaus. Auf diese Moralkeule verzichtet also lieber, wem an einer weiterbringenden Kommunikation gelegen ist.

Wesentlich sympathischer kommen Ich-Botschaften an, da sie die eigene Vorstellungswelt widerspiegeln, ohne zu moralisieren. Und wer sich ganz gezielt abgewöhnt, das Wörtchen „man" zu benutzen, gerät allein durch diesen bewussten Umgang auch selbst nicht so leicht in Gefahr, in die Moralfalle zu tappen.

Auge um Auge und die Welt wird blind sein

Die Strategie, mit selber Münze zurückzuzahlen, macht sich bei näherem Hinsehen nicht wirklich bezahlt, weil dadurch meist eine Abwärtsspirale, bis hin zum gemeinsamen Un-

tergang, in Bewegung gesetzt wird. Durch das „Zurückzahlen" wird keine Gerechtigkeit erzeugt, sondern allenfalls ein
inneres, subjektives Gefühl von Gleichheit. Seien Sie sich
bewusst, dass Sie mit jedem Vergeltungsschlag in Wirklichkeit selbst das Schwungrad eines fatalen Negativkreislaufs
antreiben. Im Übrigen: Was gerecht ist, empfindet jeder
anders. Lassen Sie sich deshalb nicht von Ihrem subjektiven
Gerechtigkeitsempfinden davon abhalten, so früh wie möglich aus der Abwärtsspirale auszusteigen. Nicht vergessen:
„Wenn der eine nicht will, können zwei nicht miteinander
streiten."

Schuld ist eine Falle, denn zu jeder Situation, in der man sich wiederfindet, hat man auch selbst beigetragen

Wir suchen gern für alles, was uns nicht passt, einen Schuldigen. Gerade in Streitsituationen sind wir ganz schnell
dabei, dem anderen die Schuld zuzuschieben. Damit geben
wir ihm aber das Gefühl, der Böse zu sein. Durch diese Abwertung ist natürlich jede Kommunikation auf Augenhöhe
unmöglich und eine konstruktive Lösung des Streits schwer
erreichbar. Schuldzuweisungen bringen also gar nichts.

Wirklich weiter kommt nur, wer auch seine eigenen Beiträge an der jeweiligen Situation betrachtet. Wie in unserem
Beispiel vom hilfesuchenden Kollegen Scharm: Kollegin
Helfrich kann eine nachhaltige Lösung nur finden, wenn
sie – statt die Schuld bei ihrem Kollegen zu suchen – an-

erkennt, wie sehr sie durch ihr Verhalten, immer wieder
auszuhelfen, zur unerwünschten Entwicklung beigetragen
hat.

Vergessen Sie das heimliche Zurückzahlen!

Oft ärgert man sich über das Verhalten eines Mitmenschen.
Viele neigen dann dazu, das Thema nicht direkt anzusprechen, sondern ihm eine stille Lektion zu erteilen, es ihm also
heimlich zurückzuzahlen. Die Intention dieser Strategie ist
klar: Man will es ihm auf andere Weise zeigen; er soll durch
eigenes Erfahren selbst merken und lernen, wie unsolidarisch etwa sein Verhalten ist.

Bei näherem Hinsehen stellt man allerdings ganz schnell
fest, dass diese Strategie nicht wirklich funktioniert, denn
wir Menschen denken und handeln nicht alle gleich. Bei
den einen läuft die von uns ausgetüftelte Strategie ins
Leere, weil unser Gegenüber wegen seiner Andersartigkeit
sozusagen dagegen immun ist. Bei den anderen, die uns
eher ähnlich sind, ist sie erst gar nicht nötig, weil diese
Mitmenschen in der Regel ja gar nicht die Quelle unseres
Frustes sind.

Wir raten deshalb: Vergessen Sie diese Strategie! Sie holen
sich nur mehr Frust. Sprechen Sie stattdessen die Themen
lieber direkt an, und zwar in einer wertschätzenden Haltung. Damit schaffen Sie das für Sie selbst leidige Problem
jedenfalls viel schneller und effektiver aus der Welt.

Unsere Glaubenssätze – die individuellen inneren Überzeugungen über die Welt und uns selbst – sind kraftvolle
innere Antreiber, aber auch Bremsen, die uns allzu oft ein
Schnippchen schlagen. Wie der Zirkuselefant, der seine
Möglichkeiten nie mehr in Frage gestellt hat, halten uns
gewachsene Überzeugungen zurück, die früher vielleicht
ihre Berechtigung hatten, heute jedoch nicht mehr unbedingt angemessen sind. Insbesondere wenn wir im Gefühl
gefangen sind, machtlos zu sein und keine Chance zu haben,
liegt die Befreiung in einem aufmerksamen Blick auf die
eigenen Überzeugungen, um diese zu hinterfragen. Und
weil wir bezüglich unserer eigenen Glaubenssätze gerne
etwas betriebsblind sind, ist es sinnvoll, eine dritte Person,
und damit auch andere Perspektiven, einzubeziehen. Wenn
dann die hindernden Glaubenssätze ins rechte Licht gerückt
sind, entstehen in uns neuer Mut und die nötige Zuversicht
zum Handeln.

Epilog

Mit diesem Buch wollen wir aufrütteln und Anstöße geben. Anstöße, die Ihnen im einen oder anderen Fall vielleicht dazu verhelfen, glücklicher aus einer Konfliktsituation herauszugehen oder sich aus dem Gefängnis der eigenen Gedankenwelt zu befreien.

Vielleicht haben Ihnen ja unsere Ausführungen Mut gemacht, eine Ihnen „unliebe" Situation endlich anzupacken. Möglicherweise ist Ihnen beim Lesen auch klar geworden, dass eine Entscheidung ansteht, und Sie haben Zuversicht gewonnen, dass jede Entscheidung besser ist, als auszuharren und nichts zu tun. Womöglich haben wir bei Ihnen aber auch lediglich einen Denkprozess angestoßen, der – auch wenn es erst einmal nicht zu einer Veränderung kommt, weil die Zeit hierfür einfach noch nicht reif ist – trotzdem bewusst oder unbewusst weiter seine Wirkung entfaltet. Es würde uns freuen, wenn uns auch nur einer dieser Anstöße gelungen wäre.

Darüber hinaus war es uns aber auch ein Anliegen, auf die Gefahren von ungelösten, vielleicht sogar verdrängten Konflikten aufmerksam zu machen. Denn meist schwelen diese ganz verborgen im Unterbewussten weiter und machen auf Dauer womöglich sogar krank. Nicht umsonst wird auch in der klassischen Schulmedizin immer klarer, dass viele Krankheitssymptome – angefangen von Hautausschlägen bis zu Bandscheibenvorfällen – häufig auch darauf zurückzuführen sind, dass ein über längere Zeit ungelöster Konflikt im Stillen sein Unwesen treibt. Hier lohnt es sich, das Augenmerk verstärkt auf mögliche Ursachen zu richten. Vielleicht werden dann Zusammenhänge deutlich und hinter Symptomen steckende Konflikte kommen ans Tageslicht.

Als kontraproduktiv erachten wir es aber, wenn Sie sich nun selbst unter Druck setzen, die Situation unbedingt sofort verändern zu müssen.

Gehen Sie lieber mit Abstand, neugierig und mit Fantasie an die Situation heran und probieren Sie doch einfach mal neue Vorgehensweisen aus, ganz unbelastet nach dem Motto: Es gibt kein Versagen – lediglich Rückmeldungen, ob es funktioniert oder nicht. Denn anstrengend soll weder unser Buch noch Ihr Umgang mit neuen Antworten in Konflikten werden!

Hanspeter Lanz

1957 in Basel geboren, lebt Hanspeter Lanz seit 1986 in Frankfurt am Main. Nach der Ausbildung zum Bankkaufmann in Basel erwarb er über mehr als 20 Jahre erfolgreiche Führungspraxis in der Banken- und Finanzwelt, unter anderem als Projektleiter in Tokio und als Innenleiter in Taiwan. Die dort gewonnen Erfahrungen lehrten ihn, dass Führungs- und Konfliktthemen auf der ganzen Welt die gleichen sind. Seit 2001 arbeitet er als selbständiger Coach und Wirtschaftsmediator in Frankfurt. Er hat Ausbildungen zum NLP-Practitioner und als Systemischer Coach absolviert und erlangte die Befähigung, als zertifizierter Wirtschaftsmediator (IHK) bei Konfliktlösungen zu unterstützen.

Angelika Schaeuffelen

 Angelika Schaeuffelen ist selbständige Rechtsanwältin und Seminarleiterin mit Leidenschaft für Kommunikation. Neben ihrer Kanzlei hält sie als gefragte Vortragsrednerin Seminare und Vorträge zu den Themen Einkaufs-, Verkaufs- und Baurecht sowie Kommunikationsseminare für Führungskräfte und Teams. Vor ihrem Studium der Rechtswissenschaften hat sie eine Ausbildung als Industriekauffrau absolviert. Schwerpunkte ihrer langjährigen Rechtsanwaltstätigkeit in Frankfurt am Main sind die Vertragsgestaltung sowie Vertretung in Konflikten, insbesondere für Groß- und mittelständische Unternehmen. Als zertifizierte Wirtschaftsmediatorin (IHK) hilft sie Unternehmen, Konflikte in gewinnbringende Lösungen zu verwandeln.

Barbara Liebermeister
Effizientes Networking

Wie Sie aus einem Kontakt eine
werthaltige Geschäftsbeziehung
entwickeln

140 Seiten. Paperback.
19,90 € (D), 29,90 CHF
ISBN 978-3-89981-278-7

Alexander Freiherr von Fircks
Agnes Anna Jarosch
Business-Etikette

So bewegen Sie sich sicher
auf jedem Parkett

186 Seiten. Hardcover.
24,90 € (D), 44,00 CHF
ISBN 978-3-89981-178-0

Eric Czotscher, Danja Hetjens
Yoga-Tools für Supermanager

Damit Sie nichts mehr umwirft

184 Seiten. Flexcover.
17,90 € (D), 27,50 CHF
ISBN 978-3-89981-247-3

Katharina Starlay
Stilgeheimnisse

Die unschlagbaren Tricks und
Kniffe für erfolgreiches Auftreten

200 Seiten. Hardcover.
17,90 € (D), 25,90 CHF
ISBN 978-3-89981-286-2

Carsten Knop
Big Apple

Das Vermächtnis des Steve Jobs

224 Seiten. Hardcover.
19,90 € (D), 29,90 CHF
ISBN 978-3-89981-271-8

Thomas R. Köhler
Die Internetfalle

Google+, Facebook, Staatstrojaner –
Was Sie für den sicheren Umgang
mit dem Netz wissen müssen

256 Seiten. Hardcover.
19,90 € (D), 34,50 CHF
ISBN 978-3-89981-280-0

Michael Frytag
Verbraucherintelligenz

Kunden in der Welt von Morgen

286 Seiten. Hardcover.
29,90 € (D), 42,50 CHF
ISBN 978-3-89981-262-6

Manfred Pohl
Josef Ackermann

Leistung aus Leidenschaft
Eine Würdigung

204 Seiten. Hardcover.
19,90 € (D)
ISBN 978-3-89981-283-1

Im Buchhandel oder unter www.fazbuch.de erhältlich.

Frankfurter Allgemeine Buch